Joachim Samuel Eichhorn

Ostern

Joachim Samuel Eichhorn

Ostern für Anfänger!

und Fortgeschrittene

Jesus – seine Auferstehung und ich

Für Christine (†) und Cornelius+Emilian sowie S

Die Bibelstellen sind in der Regel der „Neuen Genfer Übersetzung" (© 2003 Genfer Bibelgesellschaft, Genf/Zürich) entnommen. Bei der modernen Übertragung handelt es sich um die „Volxbibel" von Martin Dreyer (© 2005 Volxbibel-Verlag).

Die Bibelstellen wurden platzsparend zitiert: die vier Evangelien als Matthäus, Markus, Lukas und Johannes; die Nummer danach – wie auch nach den Briefen des Neuen Testamentes, etwa Römer oder Korinther – sind die Kapitel. Auf Versangaben wurde verzichtet – wie auch auf nähere Angaben bei Zitaten und übernommenen Inhalten. Dadurch entsteht eine bessere Lesbarkeit und über Internet-Suchmaschinen ist sowieso fast alles schnell und einfach auffindbar.

Bibliografische Information der Deutschen Nationalbibliothek:
Die Deutsche Nationalbibliothek verzeichnet diese Publikation in der Deutschen Nationalbibliografie; detaillierte bibliografische Daten sind im Internet über dnb.dnb.de abrufbar.

Fragen, Anregungen und Diskussionen jederzeit gerne an:
auferstehung@gmx.de.

Umschlag-Gestaltung: Spoon-Design Olaf Johannson
Foto (Cover und Autoren-Porträt): Michael Tewes (www.michaeltewes.com)

Herstellung und Verlag: BoD-Books on Demand, Norderstedt
ISBN 978-3-7392-0392-8

© 2016 Joachim Samuel Eichhorn, Berlin

Nachdruck und Vervielfältigung, auch auszugsweise, nur mit Genehmigung des Autors.

INHALT

Es war einmal	1
Jesus – seine Auferstehung	**17**
Fragen stellen	17
Was die Auferstehung (nicht) ist	23
Wissen und Wunder	25
Historiker und ihre Quellen	32
Sechs Ansätze	39
1. Jesus wurde vertauscht	47
2. Jesus starb nicht	49
3. Jünger dachten, sie hätten Jesus lebend gesehen	56
4. Jünger betrogen Um- und Nachwelt	73
5. Jünger entwickelten den Mythos vom Auferstandenen	78
6. Jesus wurde auferweckt	86
Schlüsse und ihre Folgen	101
Auferstehung – und ich	**105**
Jesus und Auferstehung: wer er dadurch war	107
Jesus und Auferstehung: was er dadurch tat	110
Auferstehung von Jesus: was sie für uns (noch) bewirkt	126
Auferstehung von Jesus: was wir tun sollen	132
Auferstehung von Jesus: was wir hier bekommen	137
Zusammen und Fassung	148
Schluss, aus – vorbei?	**149**
Dank	155
Literatur	157

Es war einmal

...so fangen Märchen an. Bei Jesus und seiner Auferstehung klingt auch manches märchenhaft: Ein einfacher Mensch vor langer, langer Zeit (2000 Jahren) soll ein Prinz (Sohn des Königs beziehungsweise Gottes) gewesen sein – und der wurde ermordet und dann wieder zum Leben erweckt, nun soll er immer noch leben – und nicht gestorben sein. So war es – und trotzdem aber doch ganz anders als im Märchen.
Wie im Märchen fühlte ich mich nicht gerade, als ich diesen Satz las: „Wir haben uns lange genug Gedanken über die Menschen gemacht. Es ist Zeit, an Gott zu denken." Mit diesen Worten zitiert der Philosoph Robert Spaemann in seinem Aufsatz „Das unsterbliche Gerücht" (2005) eine Stimme aus dem sibirischen Gulag. „Wenn Gott ist" – so Spaemann weiter – „ist es immer Zeit, an Gott zu denken". Aber bestimmte Situationen seien wohl geeigneter als andere, daran zu erinnern. Zu diesem Zeitpunkt war meine Frau Christine gerade wenige Tage tot. Jesus hatte sie – wie man so sagt – nach eineinhalb Jahren Krebserkrankung zu sich geholt. Und ich blieb mit zwei kleinen Kindern allein zurück. Allein – aber nicht ganz verlassen. Als Christ glaube ich, dass Jesus Christus für mich und uns als Familie da ist – und meine verstorbene Frau nicht ins Nichts ging, sondern bei Christus ist. Diese Hoffnung macht den Tod – zumindest etwas – erträglicher. Ihre beiden Buben werden die Mutter wieder sehen können und ich die Frau, mit der ich zehn Jahre verheiratet war. Möglich wird dies durch die erste echte Auferstehung von den Toten, nämlich durch die von Jesus Christus.

Dieser Jesus von Nazareth steht dabei für das ganz Große. Die Jugendkirche „Jesus Freaks" hat vor Jahrzehnten mal einen Aufkleber (den meine Schwester auf ihrem Taschenrechner hatte) mit diesen Worten verteilt: „Alles geht in Arsch, Jesus bleibt!" Dieses „Jesus bleibt" ist doppelt zu verstehen: Alles wird einmal vergehen, tot sein, beendet – nur eben Jesus nicht. Außerdem ist Jesus das einzige, was einem im Leben bleibt, wenn alles andere am Ende ist. Markus Spieker schreibt in seinem Buch „Gott macht glücklich – und andere fromme Lügen" (2013), am Ende gebe es für diese Welt – und für mich als Christ in ihr – keine tröstenden Worte, es gebe nur ein Wort: Jesus! Wenn nichts bleibt, ist Jesus immer noch da. Nur, wie ist das möglich? Ohne seine Auferstehung würde mir als Jesus-Nachfolger auch dieses Letzte noch genommen.

„Auferstehung" war die überraschende Antwort von James Bond in „Skyfall" (2012), als er vom Bösewicht gefragt wurde, was sein Hobby sei. 007 war schließlich angeschossen worden und es sah aus, als sei er tot. Bei mir wurde „Auferstehung" aus einem anderen Grund zu einer Art „Hobby": Die Auferstehung beschäftigte mich aus verschiedenen Gründen schon lange – durch den Tod von Christine wurde sie zu meinem Lebensthema.

Als Historiker fasziniert mich die Auferstehung dieses Jesus von Nazareth. Historiker beschäftigen sich mit dem, was in der Vergangenheit liegt. Geburt, Leben, Tod und Auferstehung von Jesus von Nazareth liegen in der Vergangenheit. Geburt, Leben und Tod von Julius Cäsar liegen auch in der Vergangenheit – wo ist der Unterschied? Der Unterschied ist, dass Ersteres etwas mit mir im Hier und Heute zu tun haben will.

Ob das Vermächtnis einer Person über deren Lebenszeit hinaus Bestand haben wird, zeigt sich gewöhnlich nach ihrem Tod. Als Alexander der Große, Julius Cäsar, Napoleon,

Mohammed starben, waren sie bereits bedeutende Persönlichkeiten. Normalweise gibt es am Ende einer Biografie nach dem Tod noch ein kurzes Kapitel zu der Frage, wie die Menschen in späteren Zeiten diese Person sahen und wie sich Taten und Gedanken weiterverbreiteten. Danach folgen auch schon verschiedene Verzeichnisse. Bei Jesus ist es genau anders herum. Die Auferstehung macht den Unterschied. Ohne Auferstehung wäre Jesus eine Fußnote der Weltgeschichte geblieben, danach ging es bei ihm erst richtig los.

Es gibt verschiedene Modelle, wie der Verlauf der Geschichte aussehen könnte – zyklisch oder linear. Beides wird unter Historikern diskutiert. Ich plädiere für einen dritten Ansatz: den des linearen Scheitelpunktes. Geschichte, die sich auf ein Ereignis zubewegt – und von dort wieder weg. Geschichte verstanden mit einem Mittel- und Wendepunkt, der Auferstehung! Wir teilen unsere Geschichte in die Zeit vor und nach Christus ein. Dabei ist die Geburt von Jesus von Nazareth „die Stunde Null". (Das Jahr Null hat es allerdings nie gegeben, weil die Römer diese Zahl nicht kannten.) Das Jahr 30 wäre allerdings sinnvoller als Jahr 1, das (wahrscheinliche) Jahr der Auferstehung.

Die Auferstehung begeistert mich also immer mehr, das Oster-Fest aber auch? In vielen Sprachen kommt die Bezeichnung für Ostern direkt vom hebräischen Passah. Diese Sprachtradition weist auf die wesentliche Beziehung von Tod und Auferstehung Jesu zum Auszug der Israeliten aus der Sklaverei hin. Dieses Ereignis wurde ja auch am ersten „Oster-Wochenende" von den Juden gefeiert.

Mit den Feiertagen konnte ich eigentlich nie wirklich etwas anfangen. Ostern war das freie, lange Wochenende für mich. Und jetzt ist Ostern für mich immer damit verbunden, dass sich hier das erste Mal richtig abzeichnete, wie schlecht es

Christine ging und sie in ihr Tagebuch schrieb, dass sie sterben wolle. Den meisten Menschen in Deutschland geht es übrigens genauso – ich meine den ersten Teil meiner Erfahrung. Die Deutschen freuen sich auf vier freie Tage. Mit großer Regelmäßigkeit kommt jährlich zu Ostern bei Umfragen heraus, dass mindestens jeder fünfte Deutsche gar nicht weiß, was Ostern gefeiert wird. Für mich ist das keine Nachricht – ich wundere mich eher, dass anscheinend noch 80 Prozent wissen, worum es geht. (Die Satire-Seite im Internet „Der Postillon" twitterte Ostern 2014: „Mehrheit der Deutschen dankbar, dass Jesus für extralanges Wochenende gestorben ist".) Weihnachten ist einfach zu verstehen: Ein Kind mit Namen Jesus wird geboren. Dass Kinder geboren werden ist Alltag in Deutschland, darunter kann sich jeder etwas vorstellen. Der Auferstehungs-Erinnerungsort Ostern fällt in unser aller Wahrnehmung gegenüber Weihnachten etwas ab. Es gibt weniger Geschenke, weniger Feiertage, weniger Brimborium. Trotzdem: Beides steht zueinander in Beziehung und das eine ist ohne das andere undenkbar – und irgendwie ist die Auferstehung doch noch wichtiger, weil zielführender. Und obwohl dies biblisch betrachtet – wir kommen gleich dazu – so ist, war ich mir der wirklichen Bedeutung von Ostern erst beim näheren Hinsehen bewusst: An Ostern entscheidet sich alles – Gegenwart und Zukunft meines Lebens und das der Welt. Ich vermute, so geht es ganz vielen. Deshalb kann auch für Menschen, denen Jesus extrem wichtig ist, ein Buch über die Auferstehung hilfreich sein.

Die Auferstehung ist wichtig, aber wieso dieses Buch? In meinem Leben habe ich schon einige Buchkritiken geschrieben. Da stellen sich mir immer die klassischen W-Fragen: Wer, warum, wozu und wie? Warum um alles in der Welt braucht es noch dieses Buch, warum muss der Verfasser des biblischen Buches Kohelet wieder einmal Recht mit seinen

Worten behalten, dass „des vielen Büchermachens kein Ende ist"? Diese berechtigte Frage mündet in die beiden anderen: Worum geht es eigentlich und wie wird es präsentiert? Zum Wer komme ich ebenfalls noch. Aber apropos „Bücher" zur Auferstehung: Da Jesus die einflussreichste Person der Weltgeschichte ist und die Auferstehung als das wichtigste Ereignis seines Lebens gilt, kann man sich in etwa vorstellen, was über ihn und die Auferstehung im Laufe der Jahrhunderte geschrieben wurde. Es ist deshalb unmöglich auch nur einen Bruchteil davon durchzuarbeiten oder auch nur zur Kenntnis zu nehmen. Da aber die wichtigsten Werke oftmals Bezug auf frühere nehmen und sich die Argumente natürlich auch wiederholen, habe ich bei meiner Literatursichtung sicherlich einen guten Querschnitt erhalten. Als Autor ragt vor allem der englische Theologe und Historiker Nicholas Thomas Wright hervor. Viele seiner Gedanken finden sich in diesem Buch wieder.

Also, noch einmal, was ist der Inhalt dieses Buches? Es geht um Jesus, genauer gesagt um seinen Tod und die anschließende Auferstehung. Die Auferstehung wird dabei aus zwei Blickwinkeln betrachtet: Was lässt sich historisch und theologisch dazu sagen. Mit anderen Worten: Wie glaubhaft ist und welche Auswirkungen hatte sie. Ursache und Wirkung: Wenn Jesus wirklich auferstanden ist, dann hat das auch etwas mit mir zu tun. Noch einmal anders gewendet, die Wirkung mit der Ursache vertauscht: Warum brauchte es die Auferstehung überhaupt? Hätte es aus theologischer Sicht nicht gereicht, wenn Jesus nur gestorben wäre, damit wir mit Gott versöhnt werden können? (Dazu aber noch später mehr.) Ich werde versuchen, eine Story über Ostern zu erzählen, die Geschichte am roten Faden aufziehen: Vom „Wie und Warum man sich vorstellen kann, dass am ersten Ostern tatsächlich

Jesus wirklich vom Tod auferstanden ist" zum „und nun" – eben, was sich daraus ergibt.

Im ersten Abschnitt geht es mir um Jesus und seine Auferstehung. Es soll aufgezeigt werden, dass man heute von Indizien und gründlich geprüften Hinweisen behaupten kann, dass Jesus wirklich auferstanden ist. Man nennt diese Schreib-Art Apologetik, der Glaube wird verteidigt. Ich spanne dabei den Bogen von der Auferstehungs- und Wissenschaftsdefinition über die Quellenlage bis hin zu den Varianten, wie man die Ereignisse nach der Kreuzigung interpretieren kann.

Was das mit mir zu tun hat, davon handelt der zweite Abschnitt: Jesu Auferstehung und ich. Ob Jesus auferstand, ist eben auch heute noch wichtig – im Gegensatz zur Alpenüberquerung von Hannibal oder der Ermordung von Cäsar. Welche biblische Bedeutung bietet die Auferstehung mir? Lohnt es sich also, an die Auferstehung zu glauben und darauf zu vertrauen, dass sie wahr ist? Abgerundet wird das Ende durch einen persönlichen Ein- und Ausblick.

Über Jesus und die Auferstehung wurden – wie gesagt – im wahrsten Sinne unzählige Bücher geschrieben. Allerdings hatten sie in der Regel nur einen von beiden Blickwinkeln. Theologen schreiben aus ihrer Sicht, Historiker aus ihrer, manche Theologen auch aus apologetischen Gründen, wollen also den Glauben verteidigen. Aber beides zusammen ineinander verwoben, sich aufeinander beziehend, habe ich in dieser strukturierten Form nicht gefunden. Wichtiger aber erscheint mir noch, dass ich mir selbst solch ein Buch gewünscht hätte. Eines, in dem der ganzheitliche Blick auf die Auferstehung herausgearbeitet wird – und damit die Auferstehung auch für mein Leben relevant werden kann. Jede Generation stellt dazu die sie interessierenden Fragen anders und braucht deshalb die – letztendlich immer gleichen – Antworten anders erzählt.

„Jesus – seine Auferstehung und ich" habe ich versucht wissenschaftlich fundiert zu schreiben – dabei autobiografisch-persönlich, aber auch kulturell konfiguriert, erzählend und bewegend. Ein Buch für die U-Bahn und als Vorbereitung für eine Diskussion.

Selbst frage ich mich bei fast jedem Redner oder Buchschreiberling: Was qualifiziert ihn eigentlich dazu? In diesem Fall behaupte ich, gibt es ein paar objektive und subjektive Gründe. Zu ersteren: Ich bin studierter Historiker und habe schon einmal ein Buch über Geschichte geschrieben, meine Doktorarbeit. Grundsätzlich weiß ich wie die Vergangenheit als Geschichte zu deuten ist. Zur Auferstehung habe ich außerdem bereits einige Vorträge an Universitäten und in christlichen Hochschul-Gruppen gehalten.

Letztendlich hingesetzt und geschrieben habe ich aus einem anderen Grund: Zugegeben, es ist ein Buch für mich selbst. Wie man jede Predigt oder sonst jede Form von geistlichem Impuls zuallererst für sich selbst vorbereitet, so schreibe ich über die Auferstehung zur Aufarbeitung und Auferbauung meiner selbst. Die Hoffnung ist allerdings, dass auch andere davon profitieren können.

Mir als Autor könnte man folgenden alten jüdischen Witz vorhalten: „Wer hat das Wasser wissenschaftlich untersucht? Antwort: Ich weiß es nicht, aber es war sicherlich kein Fisch."

Ich bin überzeugter Christ und glaube daran, dass die Auferstehung wirklich und wahrhaftig stattgefunden hat, Jesus tot war, wieder lebendig wurde, Gott sein Wirken an Jesus gezeigt hat. Jemand von innen kann aber schlecht etwas untersuchen, man braucht eigentlich jemand von außen – so besagt es zumindest diese jüdische Anekdote. Obwohl ich also bereits mit einer festen Überzeugung an dieses Buch und die

Argumentation gegangen bin, so habe ich doch versucht, den Advocatus diaboli – also die Gegenseite – immer mitzudenken. William James hat in seinem Essay „Der Wille zum Glauben" (1896) einmal geschrieben, der feinste Beobachter und daher der brauchbarste Forscher sei stets derjenige, bei dem das lebhafte Interesse an einer bestimmten Lösung des Problems und eine ebenso große Empfindlichkeit gegen Täuschungen einander die Waage halten würden. Genau dieser will ich sein.

Der ARD-Journalist Markus Spieker hat bei sich selbst den „Obelix-Effekt" diagnostiziert: Da er als Kind in einem christlichen Elternhaus aufwuchs, glaube er eben schon immer an Gott und Jesus – so wie Obelix in den Asterix-Comics in den Zaubertrank gefallen war und deshalb schon immer seine Superkräfte hatte. So war es bei mir auch. Von Kindesbeinen an habe ich die klassische christliche Laufbahn vom Kindergottesdienst bis zum christlichen Jugendkreis absolviert und war sogar noch auf einer christlichen Schule. Da könnte man mir schnell vorwerfen, da sei es ja klar und vorgezeichnet, wie und an was ich glaube. Dem muss ich aber aus eigener Perspektive deutlich widersprechen. Christ werden ist oft einfacher, als Christ zu bleiben. Es gibt unzählige Beispiele, wo sich Menschen von ihrem Kindheitsglauben entfernt haben. So, wie man von zu viel Antibiotikum immun dagegen werden kann, so werden manche Menschen gegen den christlichen Glauben erst resistent und dann oft auch renitent.

Bei mir war und ist das nicht so – aber irgendwie doch. Ich hatte über drei Jahrzehnte keinerlei Zweifel an Jesus. Bis vor einigen Jahren ich morgens aufwachte und mich fragte: Stimmt das denn alles eigentlich? Und als die Person, die mir emotional am nächsten stand, meine Frau Christine, schwer krank wurde und dann starb, wurde es nicht einfacher. Über anderthalb Jahre habe ich Christine leiden sehen und erleben müssen, dass sie sich am Ende noch nicht einmal über ihre beiden Buben freuen konnte. Außerdem bin ich noch Historiker, das Leid der Welt habe ich studiert (Geschichte besteht schließlich weitestgehend aus Kriegen, Krisen, Katastrophen). Aber ich bin ein Mensch, der versucht, in Alternativen zu denken: Im Supermarkt der Religionen und philosophischen Erklärungen wird es einem aus meiner Sicht dann wiederum nicht sonderlich schwer gemacht, an den christlichen Gott zu glauben. Die Alternativen zum christlichen Glauben überzeugen mich deutlich weniger. So las ich zur Auffrischung meines Philosophie-Studiums voller Interesse „Wer bin ich – und wenn ja, wieviele" von Richard David Precht (2007). Die atheistische Schlussfolgerung für das Leben lautet dort: Lebe gut, ärgere keine anderen Menschen und versuche, ordentlich über den Planeten zu gehen. Wenn das alles ist, was moderne Gottesleugner anzubieten haben, ist mir das zu wenig. So etwas funktioniert doch nur so lange, wie das Leben gut läuft. Zugegeben, es gibt vieles, was ich bei Gott nicht verstehe. Aber bei den biblischen Antworten auf die großen Fragen der Welt und des menschlichen Lebens fühle ich mich gut aufgehoben. Insgesamt sehe ich bei Jesus mehr Ausrufe- als Fragezeichen. Und letztendlich lande ich immer wieder bei ihm – und seiner Auferstehung.

Jetzt könnte man einwenden, der Autor brauche ja die Auferstehung, schließlich ist ihm die Frau weggestorben und da brauche er Hoffnung. Psychologisch ist mein Auferstehungs-Faible also leicht erklärbar. Allerdings sagt dies wenig bis nichts darüber aus, ob mein Wunsch nicht tatsächlich begründet ist.

Für Fortgeschrittene

> Interessant ist übrigens, dass – wenn ich es richtig sehe – zu allen Zeiten und an allen Orten die meisten Menschen an Gott geglaubt haben. Das Phänomen des

offen verkündeten Atheismus ist dagegen sehr neu. Wirklich durchgesetzt hat es sich eigentlich erst ab dem 19. Jahrhundert. Auch heute führt es immer noch ein Schattendasein. Die meisten Menschen glauben zumindest an irgendeine Form von übernatürlichem Wesen. Der große Vordenker der Postmoderne Friedrich Nietzsche schreibt deshalb in seinem Einseiter „Der tolle Mensch" das berühmte Zitat: „Gott ist tot. Wir haben ihn getötet." Die Menschen haben die Vorstellung, dass Gott existiert, „getötet". Nun müssen wir selbst Gott sein. Auch darauf gründet sich der moderne A-Theismus.

Nachdem ich das Buch zu Ende geschrieben habe, sitze ich erneut an dieser Einleitung und bin wieder überrascht, wie sehr mich Ostern beeindruckt, begeistert und überzeugt. Für mich ist die Auferstehung viel mehr als nur ein Hoffnungs- und Wunsch-Erfüller. Die Hinweise auf die Auferstehung haben mich bereits vor dem Leiden und Sterben meiner Christine überzeugt. Trotzdem hat mich das Schicksal meiner Frau – welches damit ja auch mein eigenes und das unserer Kinder ist – bei der Auferstehungs-Frage vorangebracht. So bin ich einmal über den Kommentar gestolpert, den Thomas Mann über seinen vielleicht bekanntesten Roman gesagt hat: „Zum Leben, sagt einmal Hans Castorp zu Madame Chauchat, zum Leben gibt es zwei Wege: der eine ist der gewöhnliche, direkte und brave. Der andere ist schlimm, er führt über den Tod, und das ist der geniale Weg. Diese Auffassung von Krankheit und Tod, als eines notwendigen Durchganges zum Wissen, zur Gesundheit und zum Leben, macht den Zauberberg zu einem Initiationsroman." Für mich hat sich der Tod von Christine zu einem besseren Durchgang zum Leben eröffnet. Auch darum geht es in diesem Buch über die Auferstehung.
Als letzte – eher technische Vorbemerkung – noch, für wen habe ich diese Seiten gefüllt? In der Sprache der Werbung: Wer ist die Zielgruppe? Unspezifisch selbstverständlich alle, die sich dafür interessieren. In Umfragen kommt heraus, dass

sechs von zehn Deutschen auf die Frage „Glauben Sie an die Auferstehung Jesu Christi?" mit Nein antworten, nur gut ein Drittel antwortet mit Ja. Bei etwa doppelt so vielen Kirchenmitgliedern wie Auferstehungs-Bekennern gibt es also noch einige Christen, die sich intensiver mit der Thematik beschäftigen könnten. Ich schreibe einerseits für diese Christen, die Jesus zumindest ein bisschen interessant finden und noch nicht aus der Kirche ausgetreten sind. Und andererseits für solche, die sich selbst als stark gläubige Christen bezeichnen würden. Den einen will ich Jesus näher bringen, den anderen noch näher.

Und da gibt es noch eine dritte Gruppe. Dieser gehört Marc aus dem Roman „Das Orakel von Port Nicolas" (1996) der Französin Fred Vargas an. Er steht vor einer Maschine, die als „Orakel" fungiert und so funktioniert, dass man sich eine Frage denkt, dann kurbelt. Daraufhin spuckt sie einen Zettel mit einem banalen und mehrdeutigen Spruch aus. Als Marc vor der Maschine steht, überlegt er, welche Frage angemessen wäre: „Wird eine Frau mich lieben?" wollte er dann doch nicht nutzen, die Enttäuschung bei einem Nein wäre zu groß gewesen. Schließlich entscheidet er sich „für eine einfache Frage, die zu nichts verpflichtete, nämlich: Gibt es einen Gott?" (Wer die Antwort des „Orakels" darauf wissen will, dem empfehle ich die Lektüre...) Und der Regisseur, Schauspieler, Spötter und Agnostiker Woody Allen hat einmal gesagt, er würde seinem Gesprächspartner gerne alles in allem eine positive Botschaft mit dem auf den Weg geben wollen – er habe aber keine. Ob das Gegenüber eventuell auch zwei negative nehmen würde?! Die Theorie dazu stammt von William James in besagtem „Der Wille zum Glauben": Der Skeptizismus arbeite nach dem Motto „Lieber den Verlust der Wahrheit, als die Möglichkeit des Irrtums riskieren". Diese dritte Gruppe von Menschen, die wie die Figur Marc oder wie

Woody Allen denken, sollte die Möglichkeit der Wahrheitsfindung in Betracht ziehen. Alle diejenigen, die sich noch nie so richtig mit Jesus (und seiner Auferstehung) beschäftigt haben möchte ich also ermutigen, sich einmal mit den Argumenten zu beschäftigen. Wer nicht wagt, gewinnt auch nicht! Deshalb lade ich einfach alle ein, Christen wie Atheisten, sich mit den Gedanken dieses Buches auseinanderzusetzen und Jesus zu begegnen.

In dem Roman meines Berliner Philosophie-Professors Peter Bieri – unter dem Pseudonym Pascal Mercier – „Nachtzug nach Lissabon" (2004) behauptet die Romanfigur Amadeu de Prado, im Zentrum des christlichen Glaubens würde eine Hinrichtung stehen, das würde ihn abschrecken. Im Zentrum des christlichen Glaubens steht aber nicht die Kreuzigung, sondern die Auferstehung! Die Hinrichtung ist nur der Weg zur Auferstehung. So zumindest sieht es der bedeutende Theologe des Neuen Testaments Paulus. Er schreibt in seinem ersten Brief an die Kirchengemeinde im griechischen Korinth (Kapitel 15): „Wenn Christus nicht auferstanden ist, dann war unser Predigen wertlos, und auch euer Vertrauen auf Gott ist vergeblich." Ohne Auferstehung kein christlicher Glaube, ohne christlichen Glauben sei die Kirche nur eine Super-Sozialstation mit angeschlossener „Art von religiöser Weltanschauung" so Joseph Ratzinger/Papst Benedikt XVI. Weiter spitzt es Paulus ein paar Sätze später in seinem Brief noch darauf zu: „Wenn die Hoffnung, die Christus uns gegeben hat, nicht über das Leben in der jetzigen Welt hinausreicht, sind wir bedauernswerter als alle anderen Menschen." Oder, wie eine Bibel-Übertragung aus besagter Jugendkirche die beiden Sätze ausdrückt: „Und wenn Jesus immer noch tot ist, dann war doch alles, was wir erzählt haben, und auch euer Vertrauen auf Gott für den Arsch!?" und „Wenn unser Glaube nur auf den Jesus gebaut hat, der uns im

Hier und Jetzt hilft, dann sind wir die Ober-Loser schlechthin." Von keinem anderen biblischen Ereignis werden solche Sätze gesagt. Also: Die Auferstehung von Jesus scheint das wichtigste Ereignis zu sein. Jörg Lauster schreibt 2014 in seinem Buch „Die Verzauberung der Welt" „dass es das Christentum überhaupt gibt, ist sein größtes Wunder. Denn aus dem Ende entstand ein grandioser Anfang. Die Auferstehung ist die eigentliche Geburt des Christentums."

Wen diese Begründungen für ein Buch über die Auferstehung noch nicht überzeugt haben, gebe ich noch eine historisch-politische: Alexander Demandt, ein profilierter Althistoriker und ebenfalls mein Professor in Berlin, schreibt in seinem Buch über Pontius Pilatus (1999): „Kreuzigung und Auferstehung haben das Bild der Welt stärker verändert als irgendeine andere Maßnahme." Dass dies stimmen kann, zeigt eine einfache Zahl: Rund ein Drittel der Weltbevölkerung bezeichnet sich als Christen. Für derzeit über zwei Milliarden Menschen hat Jesus (immerhin irgendeine) Bedeutung. In den letzten 2000 Jahren beeinflussten Christen – oft aufgrund ihres religiösen Hintergrundes – die Welt wie es keine andere Weltanschauung bewirkt hat.

Literatur-Tipp

Alvin J. Schmidt: Wie das Christentum die Welt veränderte (2009).

Unter den wichtigsten – weil einflussreichsten – Staaten der Erde sind mit Ausnahme Chinas und Japans alle christlich beziehungsweise christlich geprägt. Besonders die USA sind immer noch für viele Völker Vorbild. Einer der weltweit bekanntesten Soziologen, Max Weber, schreibt 1884 an seinen Bruder, „dass alles, was wir unter dem Namen „unserer Kultur" zusammenfassen, in erster Linie auf dem Christentum beruht." Und innerhalb des christlichen Glaubens ist das zentrale Element Tod und Auferstehung Jesu Christi. Ohne Auferstehung gäbe es kein Christentum, ohne dieses Ereignis hätte sich das Christentum nicht so ausgebreitet, dass es zur größten Religion der Menschheit geworden wäre.

Da es heutzutage bekanntlich nichts gibt, was es nicht gibt, gibt es selbstverständlich auch Theologen, die Paulus widersprechen und behaupten, die Auferstehung sei nicht geschehen und obendrein für das Christentum unwichtig. Wer sich mit einem Christentum abfinden möchte, das nur auf einem Gott als Schöpfer und Jesus als Prophet beruht, kann so etwas erzählen. Trotzdem wäre es angeraten sich zumindest mit der Auferstehung zu beschäftigen. Immerhin wird sie zentral als zentral beschrieben – und ohne ihre Verkündigung ist der Erfolg des Christentums kaum erklärlich.

Für Fortgeschrittene

Selbst, wer ganz sicher gehen möchte, muss von der Auferstehung als Mittelpunkt der christlichen Predigt um das Jahr 100 bis ins 17. Jahrhundert ausgehen. In dieser Zeit liegen auch der Durchbruch und die theologisch-ideologisch Hoch-Zeit der christlichen Religion.

Wir sehen also: Die Auferstehung ist für Jesus-Interessierte ein wichtiges Thema – wenn nicht sogar das eine wichtige und bedeutendste. Was ist dabei unter Auferstehung zu verstehen und wie glaubhaft ist sie?

[Bevor es richtig losgeht, möchte ich noch etwas zu mir schreiben und damit etwas erklären, warum das Buch so aussieht, wie es aussieht. Mein Filmgeschmack ist nicht allumfassend. Action und Science Fiction-/Fantasy-Filme stehen ganz oben auf meiner Favoriten-Liste. Deshalb – und weil letztere auch besonders gut hier spannende Sachverhalte demonstrieren – habe ich besonders aus diesen Genres

Anleihen genommen. Ich bitte die Freunde des Arthouse-Kinos, dies zu entschuldigen. Ansonsten habe ich einige Mal den Eindruck gehabt, gerne noch mehr erklären und sagen zu wollen, was aber den Lesefluss gestört hätte. Deshalb habe ich verschiedene Funktionen eingeführt, damit der Inhalt trotzdem im Buch enthalten ist, aber auch ohne gelesen werden kann. Diese grauen Kästen wurden sicherlich schon wahrgenommen.]

Jesus – seine Auferstehung

> *Fragen stellen*

Wissenschaft ist – so ein bekanntes Bonmot – was Wissen schafft. Dabei haben die meisten ein bestimmtes Bild davon, wie wissenschaftliche Werke auszusehen haben. Fußnoten gehören genauso dazu wie eine tiefe Ernsthaftigkeit, seriöse Formulierungen und so weiter. In diesem Sinne ist dieses Buch sicherlich kein wissenschaftliches Werk. Aber die grundlegenden wissenschaftlichen Standards wurden angelegt. Wissenschaft geschieht durch Fragenstellen – durch gute und sinnvolle Fragen kommt man voran. Außerdem gehören Erklärungen und Vorbemerkungen dazu. Schließlich muss man wissen, worüber gesprochen wird. Wenn man zu den Menschen gehört, die lieber gleich zum Punkt kommen, nervt so etwas eher. Letzten Endes spart es dann aber doch Zeit.
Wie dem auch sei. Was ist nun die Leitfrage? Einer meiner Professoren für Geschichte an der Freien Universität Berlin hat uns Studenten eingebläut, dass, wenn eine Frage nicht (gut) funktioniere, man eine andere ausprobieren solle. Die Frage danach, ob die Auferstehung stattgefunden hat oder nicht, halte ich als Frage mit adäquater Antwortmöglichkeit für eher schwierig. Andere haben da auch schon vor mir bessere Antwortversuche unternommen. Meine Leitfrage lautet deshalb anders. Wir haben dieses historisch unbestreitbare Fakt, an dem man nicht vorbeikommt: Die Entstehung der größten Menschheitsbewegung aufgrund des Todes eines einzelnen Mannes. Jesus von Nazareth war ein Holzverarbeiter (Tischler, Zimmermann) aus einer unbedeutenden Provinz am Ende des römischen Reiches. Dieser Mann wurde von den

religiösen und weltlichen Autoritäten zum Tode verurteilt und qualvoll sowie unehrenhaft (nackt am Kreuz hängend) hingerichtet. Seine vormaligen Nachfolger und Freunde haben dann in wenigen Jahrhunderten das römische Reich – und damit einen großen Teil der damaligen Erdenbewohner – ideologisch erobert. Ohne Facebook und Twitter, dafür aber zu Fuß und mit dem Segelschiff! Dazu ist das Christentum eine Religion von unten. Viele andere prägenden Religionen und Philosophien wurden von den Eliten vorangetrieben. Der Islam war dazu noch kriegerisch erfolgreich und breitete sich auch deshalb rasch aus. Beim Islam und Buddhismus waren die maßgeblichen Personen wichtig, aber nicht allein ausschlaggebend – dies waren die verkündeten Gedanken. Anders beim Christentum: Hier steht ein gescheiterter und unbedeutender und unattraktiver Mensch im Mittelpunkt, ein offizieller Verbrecher und Versager! Der Religionsstifter ist dabei auch die Botschaft. Christen glauben schließlich nicht nur an bestimmte Dinge, die Jesus lehrte – sie glauben ebenfalls bestimmte Dinge über Jesus. Nachricht und Natur von Jesus sind untrennbar miteinander verbunden. Schwer verständlich, dass diese Geschichte beim Kreuz stehen geblieben sein sollte.

Dieses Christentum ist dazu auch noch zweitausend Jahre später immer noch eine maßgebliche Religion – und kein Ende abzusehen. Auch der große Theologe Thomas von Aquin steht staunend Mitte des 13. Jahrhunderts in seiner „Summe gegen die Heiden" vor dieser unwiderlegbaren Tatsache: „Nicht nur eine unzählbare Schar einfältiger, sondern auch der weisesten Menschen hat sich, nachdem sie dies [Jesus und seine Taten (inklusive der Auferstehung)] gesehen hatte, durch die Wirksamkeit der genannten Beweise, nicht durch Waffengewalt, nicht durch Verheißung von Genüssen getrieben und, was das Wunderbarste ist, unter Tyrannei der

Verfolger zum christlichen Glauben bekannt". Die Jünger erwartete ein Leben der Entbehrung, als sie (beispielsweise) ihre Familienunternehmen aufgaben. Sie waren dabei keine Tagelöhner oder sonstiges Proletariat, bei dem alles besser war als ihr bisheriger Job. Sie hatten gute Arbeit und schienen nicht mittellos gewesen zu sein. Von Johannes wurde sogar berichtet, dass er gute Beziehungen zur jüdischen Oberschicht hatte. Den Rest ihres Lebens verbrachten die Jünger damit, Jesus als Auferstandenen zu verkünden. Wie, bitteschön, konnte es dazu kommen? Die meisten wurden für ihre Botschaft sogar hingerichtet oder hatten zumindest ein entbehrungsreiches Leben bei Flucht und Verkündigung.
Nach allem was wir wissen, erwarteten die Juden um Jesu Geburt herum mit großer Intensität den Messias. Die griechische Entsprechung des aramäisch-hebräischen „Messias" ist „Christos" und bedeutet „Gesalbter". Damit wurden neben Königen und Hohepriestern vor allem „der eine Gesalbte Gottes" bezeichnet.

Für Fortgeschrittene
Christos ist bei uns heute in der Version mit dem lateinischen „us" als Endung gebräuchlich. Das „Christus" bei „Jesus Christus" ist also kein Nachname, sondern der Titel, der einfach angehängt wurde. Wer also „Jesus Christus" sagt, spricht von Jesus als dem von Gott gesandten Gesalbten, dem Retter der Welt.

Über den Messias gab es konkrete Vorstellungen: Er sollte die Herrschaft Roms beenden und Israel wieder zu neuer Blüte führen. Wie beim ersten Exodus der Anführer Mose das Volk vom Tyrannen (dem ägyptischen Pharao) befreite, so würde nun der Messias im Auftrag Gottes den römischen Kaiser besiegen und sein Volk retten. Die Nachfolger von Jesus gingen davon aus, dass Jesus der im biblischen Jesaja-Buch

angekündigte und versprochene Messias sei – bis er auf brutalste und unehrenhafteste Weise durch die jüdisch-religiöse und römisch-weltliche Macht verurteilt und hingerichtet wurde. In Lukas 24 kann man schön die Hoffnung sehen, die Jesu Freunde hatten: „Wir hatten gehofft, Jesus sei derjenige, der Israel erlösen würde." Die Botschaft in dieser realistischen Aussage: „Aber sie haben ihn gekreuzigt, er kann es also nicht gewesen sein." Sicherlich hielten nun manche eher Frustrierte Jesus für einen Möchtegern-Messias und dachten dabei, aufs falsche Pferd gesetzt zu haben. Der französische Existentialist Jean-Paul Sartre hat dazu ein Theaterstück geschrieben: „Das Spiel ist aus" (1943).
Besagte Satire-Seite „Der Postillon" karikiert das Christentum an Ostern 2014 so: „Man will es sich nicht ausmalen: Mitten in Deutschland feiert eine obskure Kultvereinigung den blutigen Foltertod eines unschuldigen Menschen. Bilder und Skulpturen der Grausamkeiten werden vorgeführt, der widerwärtige Akt wird nacherzählt, besungen und befürwortet. Was unvorstellbar klingt, ist grausame Realität – die verrückte Sekte feierte gestern ihr krankes Horror-Ritual: die sogenannte Karfreitagsmesse. Damit nicht genug: Während der Splatter-Messe behaupten die Gläubigen, das Blut des Opfers zu trinken, ja sogar, seinen Körper zu essen." So ähnlich muss es wohl den Menschen vorgekommen sein, die vor 2000 Jahren von Jesus hörten. So schreibt zumindest Paulus an die Kirche in Korinth in seinem ersten Brief im ersten Kapitel, für die Juden sei die Jesus-Botschaft Gotteslästerung, für die Griechen und Römer einfach nur Blödsinn. Und der Professor außer Dienst für klassische Philologie Friedrich Nietzsche schreibt in „Jenseits von Gut und Böse" (1886) treffend: „...das für einen antiken Geschmack in der Paradoxie „Gott am Kreuze"" lag. Es hat bisher noch niemals und nirgendwo eine gleiche Kühnheit im Umkehren,

etwas gleich Furchtbares, Fragendes und Fragwürdiges gegeben, wie diese Formel: sie verhieß eine Umwertung aller antiken Werte."

Unzählige Hinweise aus dem Neuen Testament (wie die Paulus-Briefe) und den Schriften der frühen Christen (Justinus in seiner Apologie I) zeigen, wie schwer es den Christen der ersten Jahrhunderte gefallen ist, diesen Jesus irgendwie attraktiv erscheinen zu lassen. Die Vorstellung scheint schlecht vermarktbar gewesen zu sein, dass ein Jesus mit dieser Biografie religiös relevant sein könnte. Und trotzdem zogen die Jünger Jesu los und erzählten von Kreuzigung und Auferstehung. Was war passiert, dass sie mit dieser Story loszogen und auf dem bereits unübersichtlichen Markt der religiösen Möglichkeiten noch ihre Judentum-Update-Version anpriesen? Menschen sterben für Überzeugungen, wenn sie fest genug daran glauben, dass es sich lohnt. Aber warum sollten die Jünger nach dem Tod ihres Meisters noch an ihn und seine Verkündigung glauben? Jemand oder etwas musste ihnen eine Anfangseuphorie verpasst haben. Es brauchte eine Art Katalysator-Ereignis, damit sie loszogen. Was ist passiert, dass aus dem Tod eines Mannes aus einer unteren sozialen Schicht, ohne Bildung und dazu noch aus Galiläa (einem selbst für Juden eher weniger wichtigen Teil Israels), der einer von etwa 30.000 unter römischer Herrschaft gekreuzigten Juden war, zur größten und bedeutendsten Religion der Weltgeschichte wurde?

Der Althistoriker Alexander Demandt schreibt dazu: „Ein Christentum nur mit Bergpredigt und einer Naherwartung des Weltendes hätte für den durchschlagenden Missionserfolg kaum ausgereicht." Und in Apostelgeschichte 5 wird von einem Dialog innerhalb des jüdischen Hohen Rates berichtet, wie man mit den Christen verfahren solle. Dort ging es darum, dass darüber nachgedacht wurde, was man denn mit den ersten Christen kurz nach der (vermeintlichen) Auferstehung machen sollte. Dann sei ein Mitglied dieses höchsten jüdischen Gremiums aufgestanden und habe in Erinnerung gebracht, was bisher mit den ganzen Menschen geschehen wäre, die sich für den Messias, den Retter Israels, hielten. Sie hätten eine Schar Leute um sich gesammelt. Dann wäre der Meister gestorben – und die Bewegung den Bach runtergegangen. Und dann sagt er weiter: „Lasst diese Leute unbehelligt! Geht nicht gegen sie vor! Denn wenn das, was sie planen und unternehmen, nichts weiter ist als Menschenwerk, wird es von selbst zugrunde gehen. Wenn es jedoch Gottes Werk ist, werdet ihr nicht imstande sein, diese Bewegung zum Verschwinden zu bringen. Oder wollt ihr am Ende als solche dastehen, die gegen Gott kämpfen?" Was dieser Mann, Gamaliel, sagte, überzeugte den Rat."

Beide in der Apostelgeschichte genannten gescheiterten Anführer, Theudas und Judas aus Galiläa, kommen beim zeitgenössischen jüdischen Schreiber Flavius Josephus vor. Diese falschen Christusse – Theudas wurde von seinen Anhängern auch mit dem Ehrentitel Messias bezeichnet – sind also real. Jeder kannte damals ihre Geschichten.

Später kam noch ein weiterer berühmter Aufrührer dazu, Simon bar Giora. N. T. Wright macht das interessante Gedankenexperiment, dass die Anhänger von Simon bar Giora nach seiner Hinrichtung durch die Römer nach dem niedergeschlagenen Aufstand 70 nach Christus behauptet hätten, dieser würde noch leben. Auch bei Jesus hätte also eigentlich das passieren müssen, was unzählige Male zu dieser Zeit vorkam: Die kleine Bewegung hätte sterben und sich zerstreuen müssen. Tat sie aber nicht! Der polarisierende Film „Das Leben des Brian" (1979) der britischen Komiker-Gruppe „Monty Python" veranschaulicht auf (stellenweise zumindest) lustige Art, wie zurzeit von Jesus mit Erlöserfiguren umgegangen wurde.

Das Christentum überlebte eben nicht nur gerade so. Es war nicht zu stoppen – weder durch Verfolgung, noch durch Ignoranz und auch nicht durch Jahrhunderte als Staatsreligion oder durch gewaltsame Ausbreitung.

Konkret lautet meine Frage: War es die Auferstehung, die die Freunde und Nachfolger von Jesus antrieb – oder was kann ihnen sonst Anstoß und Impuls für die Verkündigung dieser Botschaft aus Lukas 24 gewesen sein: „Der Herr ist wirklich auferstanden und Simon erschienen!"? Diese Frage schließt die These, es könnte die Auferstehung gewesen sein, mit ein. Der bedeutende Soziologe Niklas Luhmann gibt in „Erkenntnis als Konstrukt" (1988) zu, naiv anzufangen. Er gibt dabei aber zu bedenken „wie anders als naiv sollte man anfangen"? Und ich halte eine These, die 1600 (und mehr) Jahre als unwidersprochene Standard-Antwort galt, für einen vertretbaren naiven Anfang.

> *Was die Auferstehung (nicht) ist*

Was meine ich, wenn ich „Auferstehung" schreibe? Frei nach dem berühmten Zitat aus dem Film „Feuerzangenbowle" (1944) mit Heinz Rühmann möchte ich so vorgehen: Dann stellen wir uns mal ganz dumm und fragen, was ist „Auferstehung"? Alle Insider werden jetzt mit den Augen rollen, wenn ich als erstes mit der theologischen Binsenweisheit daherkomme, dass die Auferstehung gar keine war – sondern eine Auferweckung! Jesus ist nicht selbst auferstanden; auferstehen also als eine Art aufstehen vom Tod. Jesus war tot und konnte nicht aus eigener Kraft auf(er)stehen. Theologen sprechen daher von einer Auferweckung – Gott hat ihn auferweckt (vergleiche dazu auch 1. Korinther 15). Im Deutschen hat sich aber Auferstehung als Begriff durchgesetzt.

> *Für Fortgeschrittene*
>
> Das hebräische aktive Grundverb „aufstehen" war nicht im grammatischen Passiv gebräuchlich. Die aktive Form trug daher Gottes Handeln immer schon in sich. Dies wurde in die griechische Übersetzung des hebräischen Alten Testaments übernommen. Dies zeigt, wie wichtig den Juden dieses Denken damals schon war. Paulus macht in Römer 4 deutlich, dass Gott an Jesus gehandelt hatte. Bei „Auferstehung" ist daher „Auferweckung" immer mit zu denken – wie die Juden im 1. Jahrhundert es auch getan haben.

Die ersten Christen wählten mit den damals verfügbaren Ausdrücken für Leben-nach-dem-Tod gerade jene aus, die den konkreten Bezug zur ganzen, real gestorbenen Person einerseits, zur jüdischen Zukunftshoffnung auf die leibhafte Auferweckung der Toten andererseits, herstellten. Sie verstanden die Auferstehung dieses gekreuzigten und begrabenen Menschen als reales, ganzheitliches, einzigartiges, von Gott allein vollzogenes Ausnahmegeschehen, durch das seine Schöpfermacht in die Geschichte des Todes eingebrochen ist und mit eigener, vorwärtstreibender Kraft alles verändert – siehe auch Philipper 3.

N. T. Wright hat in seinem umfangreichen Werk „Die Auferstehung des Sohnes Gottes" (2003) sauber herausgearbeitet, was im 1. Jahrhundert allgemeingültige jüdische – und damit auch die biblische – Definition dieser Auferstehung war, nämlich ein zweistufiges Verfahren: Dem körperlichen Tod folgte eine Zeit des Todeszustandes und dann die Auferstehung in neuer Form. (Erst bei der Frage, ob es diese Auferstehung tatsächlich gibt und wie groß die Zeit zwischen Todeseintritt und Auferstehung ist, ergaben sich in der Antike die Differenzen.) Auferstehung ist also quasi ein „Leben nach dem ‚Leben nach dem Tod'". Das meint das altrömische Glaubensbekenntnis vom Beginn des 2. Jahrhunderts: „Jesus, der unter Pontius Pilatus gekreuzigt und begraben wurde, am dritten Tag auferstand von den Toten." Gelebt – gestorben – Zwischenzeit – Auferstehung. So möchte ich Auferstehung auch verstanden wissen. (Alle anderen Auslegungen zur Auferstehung – wie beispielsweise, Auferstehung sei eben im übertragenen Sinne damals verstanden worden – kann N. T. Wright widerlegen.)

Um es dabei ein für alle Mal klar zu sagen, was die Bibel unter Auferstehung versteht: Der Auferstandene war kein Geist, Jesus war nicht auferstanden, um später wieder zu sterben (Wiederbelebung), Auferstehung bedeutet nicht Reinkarnation, Auferstehung ist keine Auferstehung im platonisch-geistigen Sinne (Weiterleben der Seele, während der Körper tot ist), Auferstehung nicht ins Nirwana hinein und Auferstehung auch nicht als reines Wegnehmen von der Erde (ohne vorhergehenden echten Tod).

> *Wissen und Wunder*

Apropos Wissenschaft: Diese Auferstehung von Jesus von Nazareth ist – wie ich bis hierher schon deutlich gemacht habe – der zentrale Dreh- und Angelpunkt im Leben desjenigen, auf dem der christliche Glauben beruht. So zumindest schreiben es Paulus, einer der bedeutendsten frühen christlichen Theologen – und Zeitgenosse von Jesus –, sowie der sehr skeptische Althistoriker Alexander Demandt heute. Der Casus knacksus – wie man salopp sagen könnte – des Christentums ist somit nicht eine Lehre oder ein Buch. Es ist ein konkretes Ereignis in der Geschichte: der Auferstehung von Jesus Christus von den Toten! Und wie zu jedem anderen konkreten

Ereignis in der Vergangenheit lassen sich dazu Fragen stellen, die in Antworten münden, wann und wo es stattgefunden hat, wer beteiligt war und so weiter. Wenn es berechtigte Zweifel an fundierten Antworten gibt, müssen diese mit einem „vermutlich" oder so ergänzt werden. Wissenschaftler können aber auf jeden Fall etwas dazu sagen.

Einen kurzen Exkurs würde ich gerne einfügen. Passend finde ich den Satz: „Nicht Fragen sind beängstigend. Beängstigend ist vielmehr, wenn Menschen keine haben!" Deshalb bin ich aus grundsätzlichen Erwägungen gegen Denkverbote. Ich bin dafür, immer alle Möglichkeiten in Betracht zu ziehen und zu untersuchen. Verwerfen kann man sie immer noch, dann hat man aber wenigstens Gegengründe. Wer Wissenschaft in einem Bereich wie diesem hier betreibt, muss sich dabei vor seinen Forschungen überlegen, ob er die Brille des Atheismus oder des Theismus aufsetzt, also: Ob er die Welt betrachtet und ein Handeln Gottes für möglich oder unmöglich hält. Die Brille wird a priori, also vor weiteren Annahmen, aufgesetzt. Diese Erkenntnis geht auf niemand geringeren als Immanuel Kant zurück. In seiner epochalen „Kritik der reinen Vernunft" (1781) schreibt er, dass wir niemals erkennen können, wie die Wirklichkeit beschaffen sei. Wir würden sie niemals als „rein" auffassen, sondern immer gefiltert durch unsere Erkenntnisformen. Diese bestünden a priori, seien nicht das Ergebnis von Erfahrung, sondern die Voraussetzungen dafür. Verfeinert wurde dieser Ansatz durch Wolfgang Stegmüller in seiner Erkenntnistheorie (1954). Es gibt also kein vorurteilsfreies Wissen, sprich: Wissenschaft kann nicht betrieben werden, ohne dass man sich eine dieser beiden Brillen aufsetzt – willentlich oder unwissentlich! Im wohl populärsten Heldenepos des 20. Jahrhunderts – der Filmreihe „Krieg der Sterne" – drückt es der Jedi-Meister Obi-Wan Kenobi gegenüber seinem Schüler Luke Skywalker so aus

(1983): „Luke, du wirst noch erkennen, dass viele Wahrheiten, an die wir uns klammern, von unserem persönlichen Standpunkt abhängen."

Ich lade dazu ein, beide Brillen bereit und die theistische Brille für berechtigt zu halten. Denn nur so kann etwas wie vorurteilsfreie Betrachtung tatsächlich denkbar werden. Außerdem bitte ich darum, sich des „persönlichen Standpunkts" bewusst zu sein und die Möglichkeit nicht auszuschließen, diesen zu überdenken.

Neben dieser grundsätzlichen Brillenauswahl gibt es noch verschiedene kleinere und größere Feinjustierungen in den „Brillen", mit denen Wissenschaftler arbeiten. Dadurch werden ein und dieselben Fakten von verschiedenen Forschern unterschiedlich interpretiert. Das ist ganz normal und kommt in der ganzen Wissenschaftsfamilie vor: bei Juristen, Philosophen, Historikern und sogar bei manchen Fragen in den Naturwissenschaften.

Achtung Anekdote

Da fällt mir noch eine interessante Anekdote zur professionellen Skepsis von Wissenschaftlern ein: Ein Mann denkt, er sei tot. Er geht zum Arzt und kommt immer wieder, lässt sich aber nicht überzeugen, dass er tatsächlich lebt. Bei der x-ten-Sitzung wird es dem armen Arzt zu bunt, er greift sich ein medizinisches Standardwerk und liest daraus vor: „Tote Menschen bluten nicht". Dann fragt er den „Patienten", ob er glaube, dass es stimmt, was in diesem Medizinbuch stehe. Dieser bejaht, immerhin handele es sich ja um ein Buch von einem renommierten Mediziner. Der Arzt piekst den Patienten daraufhin ins Bein und er blutet. Dieser ruft aus: „Es ist ein Wunder geschehen: Tote bluten doch!" Ich will nicht annähernd so weit gehen und sagen, dass die Gedanken in diesem Buch wie ein medizinisches Standardwerk sind – aber ich möchte ermutigen, sich von der professionellen Skepsis zu lösen.

Wer in der Welt der Wissenschaft ist nun zuständig für unsere Fragestellung? Unser Untersuchungsgegenstand hat etwas mit Gott zu tun, also könnte es sich um Theologie handeln. Ein Mensch wird wieder lebendig, Medizin oder Naturwissenschaften? Für Ereignisse in der Vergangenheit sind professionelle Vergangenheits-Interpretatoren zuständig, eben Historiker. Historiker sind es dazu gewohnt, wenn es ihnen ratsam erscheint, auf andere Wissenschaften zurückzugreifen. Ich bin Historiker, passt also...

Noch einmal zurück zum Exkurs zur Wissenschafts-Brille. Alle Forschung besteht aus Interpretation. Es spricht selten ein Gegenstand für sich selbst. Sogar objektive Daten in den Naturwissenschaften sind erst einmal nur Zahlen. Alles muss analysiert und gedeutet werden. Bei den Geisteswissenschaften ist es dabei herausfordernder als bei der Physik oder Chemie. Der Spielraum für die Bewertung bei vergangenen Ereignissen ist Großteils deutlich umfangreicher. Deshalb ist es auch umso wichtiger, dass man sich der „Brille" bewusst ist und die Problematik kennt. Geschichte ist nämlich immer gedeutete Vergangenheit! Vergangenheit geschieht, Geschichte ist das, was man dazu aufschreibt. Allein Auswahl, Zusammenstellung und Wortwahl sind bereits Interpretation. Deshalb gibt es auch in der Geschichte keine Beweise, nur – mehr oder weniger stichhaltige – Indizien.

Im mysteriösen Falle der Auferstehung stellt sich dabei die Frage: Was lässt sich als Wissenschaftler zu Wundern sagen? Steht nicht in Fjodor Dostojewskis Meisterwerk „Die Brüder Karamasow" (1880), der Glaube lebe nicht vom Wunder, sondern das Wunder vom Glauben? Und entzieht sich ein solcher religiöser Glaube nicht der Forschung? Macht die sachliche Darstellung nicht sogar den Glauben klein? Sollten nicht solche Sachen sinnvollerweise in Ruhe gelassen werden? Ich meine nein! Die Frage, ob sich Historiker überhaupt mit

„übernatürlichen" Ereignissen beschäftigen dürfen oder können oder sollten oder sonst etwas, halte ich schlichtweg fast schon für abwegig. Aussagen über ein Ereignis in der Vergangenheit können und sollten sogar aufgearbeitet werden.

Literatur-Tipp
C. S. Lewis: Wunder (1947).
Eric Metaxas: Wunder – Entdeckungen eines Skeptikers (2015).

George Bernard Shaw soll einmal davon gesprochen haben, ein Wunder sei eine Unmöglichkeit, die trotzdem möglich sei. Etwas, was sich niemals ereignen könnte und sich dennoch ereignen würde. Shaws Freund und intellektueller Gegenspieler Gilbert Keith Chesterton – Autor der durch Heinz Rühmann bekannt gewordenen Father Brown-Geschichten – schreibt in „Das Blaue Kreuz" (1911), das „Unglaublichste an Wundern ist, dass sie geschehen" und „Weisheit sollte mit dem Unvorhergesehenen rechnen".
Wunder ist dabei ein untechnischer Begriff für etwas Abnormales, was gegen unsere Erfahrungen der Naturgesetze spricht. Ein Mensch kann nicht über Wasser gehen – Menschen sind schwerer als Wasser und gehen deshalb (wenn nicht die Rahmenbedingungen verändert werden) unter. Wenn trotzdem jemand (ohne Hilfsmittel) über Wasser gehen kann, ist das ein Wunder.
Wir sind es spätestens seit dem bahnbrechenden Begriff von Max Weber „Die Entzauberung der Welt" (1917) gewohnt, alles durch Berechnung erklären zu können. Aber: Ist das nicht zu kurz gesprungen? Reichen unsere irdischen Erklärungen für Wunder wie die Auferstehung?
Der schottische Philosoph David Hume empfiehlt Mitte des 18. Jahrhunderts in seiner klassischen Analyse des

Wunderbegriffs, zwei Hypothesen gegeneinander abzuwägen: Ist die Hypothese plausibler, dass das behauptete Wunder tatsächlich stattgefunden hat, oder ist es plausibler, dass sich die Zeugen irren oder gar lügen? Hume meint, es sei nur dann vernünftig, an Wunder zu glauben, wenn die Vertrauenswürdigkeit des Zeugen größer sei als die „Wahrscheinlichkeit" des bezeugten Ereignisses. Da Wahrnehmungstäuschung, Selbsttäuschung, Halluzination oder Lüge unserer Erfahrung nach aber viel wahrscheinlicher sind als Durchbrechungen der Naturgesetze, könne praktisch kein Zeugnis ein Wunder glaubhaft machen. Hume nennt somit zwar Gründe, warum man Wunder nicht ausschließen sollte – kann sich selbst aber nicht vorstellen, dass die Argumente für ein solches überwiegen könnten. Noch ein bisschen weiter geht selbst der missionarische Atheist Norbert Hoerster. Er kann sich in „Die Frage nach Gott" (2010) vorstellen, an Wunder zu glauben. Dafür müssten die Zeugen glaubhaft sein und alle anderen Erklärungen weniger logisch klingen.

Oft wird bereits an dieser Stelle eingewandt, Wunder würden nicht nur unsere Erfahrungswelt sprengen – sondern gegen Naturgesetze verstoßen. Damit seien sie von vorneherein schlicht nicht möglich. Aber entgegen der verbreiteten Annahme, Naturgesetze seien unüberwindbare natürliche Vorschriften, gilt: sie sind Nachschriften. Die Natur kennt keine Gesetze, eher Gesetzmäßigkeiten. Unser Universum ist komplexer als wir auf den ersten Blick denken. Dies musste kein geringerer als Albert Einstein einsehen – und staunte sein ganzes Leben lang darüber. Als Folge davon haben wir nun aber auch die Relativitätstheorien und anderes mehr. Die Vorstellung von der Absolutheit von Raum und Zeit wurde eben durch die Naturwissenschaften selbst „abgeschafft". Naturwissenschaften können nur über beobachtbare

Erscheinungen etwas aussagen. Staunen, das Undenkbare denken – und die richtigen Schlüsse daraus ziehen.
Seitdem ich Werner Heisenberg im Hamburger Theater durch das grandiose Drei-Personen-Stück „Kopenhagen" (1998) von Michael Frayn näher gekommen bin, fasziniert er mich. Heisenberg war aber nicht nur Physiker und Nobelpreisträger, er war auch sonst ein scharfer Denker. So erklärt er in seinem Aufsatz „Erste Gespräche über das Verhältnis von Naturwissenschaft und Religion" (1927) auf faszinierende Weise, wie selbst in der Mathematik nicht alles verstanden werden kann und es auch gedankliche Herausforderungen an unserem festgefügten Weltbild geben kann. Der berühmte Spruch in Krimis „Nichts ist, wie es scheint" kann auch hier zutreffen. Oder, um es mit Philosophen und Mathematiker Blaise Pascal (17. Jahrhundert) zu sagen: „Der letzte Schritt der Vernunft ist, anzuerkennen, dass unendlich viel über sie hinausgeht."
Ich finde also schon, dass Historiker die Möglichkeit eines Wunders nicht von vorneherein ausschließen sollten. Und dies, obwohl wir Wissenschaftler ansonsten dem methodischen Atheismus verpflichtet sind: Wir gehen grundsätzlich erst einmal davon aus, dass wir die Welt und das Geschehen in ihr ohne Gott erklären müssen. Wir haben also normalweise die Atheismus-Brille auf. Dies ist auch gut so, es ist eine wichtige Errungenschaft der Wissenschaft, dass zuerst nach natürlichen Ursachen geforscht wird. Schließlich sind Erklärungen wie „der Donner wird durch den Hammer des Gottes Thor verursacht" oder „das Echo entsteht durch den Schabernack einer Nymphe" wenig hilfreich – wenn aber doch heute wenigstens unterhaltsam. Die Frage, wann denn nun Gott ins Spiel kommen darf, ist dabei nicht immer leicht zu beantworten. Sie darf aber nicht aufgrund von Denkfaulheit geschehen, sondern

muss verantwortlich erfolgen. Aus dem methodischen Atheismus darf eben auch kein dogmatischer werden!

Bei Wundern begegnet einem immer wieder ein interessantes Phänomen. Der Oxforder Literaturwissenschaftler, Schriftsteller und Christ Clive Staples Lewis nennt es Mitte des 20. Jahrhunderts „chronologische Blasiertheit": Wir Aufgeklärten heute wissen, was wir von Wunder- und Auferstehungs-Berichten zu halten haben. Die Menschen damals aber nicht, sie seien naiv gewesen und hätten keine Probleme mit solchen übernatürlichen Eingriffen in ihre Lebenswirklichkeit gehabt. Ein bisschen ist schon dran. Schließlich glaubten Juden und die anderen Völker in der Antike an göttliches Wirken. Trotzdem kamen auch um Jesu Geburt Wunder nicht gerade vor wie Sandstürme in der Wüste. Bei den Berichten über Jesu Wundertaten merkt man, wie besonders das damals war. Es sind auch kaum andere Darstellungen von Menschen überliefert, die zurzeit Jesu Wunder taten. Und als der römische Geschichtsschreiber Tacitus (110-120) über zwei Wunder von Kaiser Vespasian in Alexandria berichtet, fehlt eine Bemerkung nicht, die Berichte seien wirklich glaubhaft. Oscar Wilde lässt treffend in „Salome" (1891) Herodias – die Frau von König Herodes Antipas – ironisch antworten: „Oho! Ich glaube nicht an Wunder, ich habe ihrer zu viele gesehn!" Die antike Stimmung wurde sicherlich treffend wiedergegeben. Selbst in der Antike wurden Wunder nicht einfach „geschluckt". Mit „Wunder gesehen" meint Salome schließlich welche, die keine echten waren.

> *Historiker und ihre Quellen*

Wie arbeiten nun ansonsten Historiker, wenn sie eine Aussage als „das war so" bezeichnen, also beweisen wollen?

Geschichts- beziehungsweise Geisteswissenschaftler unterscheiden sich in ihren Methoden von Naturwissenschaftlern. Unsere Kollegen von der Physik und Chemie arbeiten hauptsächlich mit der Reproduzierbarkeit: Eine Theorie gilt als bewiesen, wenn ein Versuch immer und immer wieder das gleiche Ergebnis hervorbringt. Die Sozialwissenschaftler (Soziologen, Politologen) arbeiten mit Empirie, also Beobachtung und Erfahrung.

Historiker argumentieren mit Indizien, wie auch die Juristen. Ein geschichtliches Ereignis ist schließlich nicht wiederholbar, mit heutigen Beobachtungen und Erfahrungen kommt man nicht weit. Das, was wir heute als historische Fakten vorliegen haben, sind die Ergebnisse der Indizienprozesse meiner Kollegen. Wir beleuchten einen Gegenstand, eine Aussage von allen Seiten und wagen einen Schluss auf die beste Erklärung.

Diese Indizien nennen Historiker „Quellen". Quellen, weil sie eben wie solche sprudeln sollen. Quellen sind alles, was Auskunft über die Vergangenheit gibt: Schriftliches, archäologische Funde (Münzen, Krüge, Müll und so weiter), eben alles, was herangezogen werden kann. Das Ergebnis der Untersuchung kann nur als eine so und so beschaffene Wahrscheinlichkeit deklariert werden.

In unserem Fall muss die Auferstehung genauer betrachtet werden als beispielsweise das Leben von Julius Cäsar oder Karl dem Großen. Wenn die Ermordung von Cäsar doch nicht oder anders stattgefunden hat, als ich durch Belege glaube, so hat dies historisch kaum Konsequenzen – und für mich persönlich gar keine. Bei der Auferstehung sieht das schon anders aus. Darum haben wir hier einen Grund dafür, warum viele Betrachter bei diesem Ereignis einen besonders kritischen Maßstab anlegen.

Was kann nun angesehen werden, wie ist die Quellenlage? Die wichtigsten Quellen sind die Texte aus der Bibel, also besonders die vier Lebensbeschreibungen über Jesus von Nazareth, die Evangelien, die Apostelgeschichte und die Briefe, vor allem die des Paulus. Außerhalb des Neuen Testamentes gibt es nur wenige Quellen über Jesus.

Für Fortgeschrittene

Evangelium bedeutet aus dem Griechischen übersetzt „Gute Nachricht", das ist der Inhalt des Evangeliums, eine froh machende Botschaft. Der Begriff wurde in der römischen Antike auch für gute Mitteilungen aus dem Kaiserhaus genutzt – beispielsweise, wenn ein neuer Kaiser den Thron bestiegen hat.

Die außerbiblischen Quellen werden oft weniger kritisch betrachtet. Fangen wir also mit ihnen an. Der wichtigste Zeuge Jesu ist ein jüdischer Schriftsteller, der zu den Römern übergelaufen war und zwei große Bücher verfasst hat: Flavius Josephus. Er kämpfte erst 66/67 gegen die Römer und schloss sich ihnen dann an. Als Pensionär am kaiserlichen Hof schrieb er „Der jüdische Krieg" (75-79) und „Jüdische Altertümer" (bis 94). Nachdem kritische Kollegen die auf Jesus bezogene Passage aus den „Altertümern" von ideologisch anmutenden Ballast befreit hatten, blieb immer noch als Information: „Zur Zeit von Pontius Pilatus lebte in der Regierungszeit von Kaiser Tiberius ein Mensch mit Namen Jesus, der erstaunliche Taten vollbrachte und damit Juden wie Nichtjuden für sich als Anhänger gewann. Pilatus ließ ihn am Kreuz hinrichten, trotzdem war die Jesus-Bewegung nicht am Ende. Seine Nachfolger vermehrten sich sogar und bestanden noch Jahrzehnte später. Außerdem glaubten diese „Christen", dass Jesus der Messias sei."

Neben Josephus, einem Juden, gibt es noch einen Hinweis beim bedeutenden römischen Geschichtsschreiber Tacitus. 115 schreibt er, dass die Christen beim Brand von Rom im

Jahr 64 als Sündenböcke herhalten mussten. Da Tacitus ansonsten schlecht von der jüdischen Sekte der Christen schreibt, ist davon auszugehen, dass er eine korrekte Aussage macht. Es gibt dazu noch weitere wichtige (teilweise indirekte) Hinweise von Römern (Plinius dem Jüngeren, 111; Sueton, 120) und verschiedenen Juden (Talmud, 200) und Christen (1. und 2. Jahrhundert, wie etwa den Barnabas-Brief und den 1. Clemens-Brief).

Diese Aufzählung macht schon deutlich: So viel gibt es gar nicht. Es kommt deshalb oft die Frage auf, warum über den „Religionsgründer" der größten Bewegung der Menschheit so wenig außerhalb seiner Fan-Gemeinde geschrieben wurde. Der Grund hierfür ist so schlicht wie einfach: Als die Jesus-Bewegung im 2. und 3. Jahrhundert ihre große Schlagkraft gewann, gab es keine Zeitzeugen mehr – und wer interessierte sich zu Beginn schon für irgendeinen jüdischen Rabbi in der letzten römischen Provinz, ganz hinten (also quasi jwd, janz weit weg), für einen von zig Rabbis, der zudem noch rechtsgültig verurteilt worden war? Niemand von denjenigen, die sonst im römischen Reich geschrieben haben – was ja auch nicht gerade viele waren – hatte daran Interesse. Und für die Juden war Jesus nicht sonderlich spannend. Schließlich vertrat er eine andere religiöse Lehre – und so etwas bekämpft man am besten durch Ignoranz. (Aus der Politik kenne ich dieses Verhaltensmuster sehr gut: Durch das Sprechen über eine Gruppierung oder Thema wird diese „geadelt" und in der Öffentlichkeit noch mehr wahrgenommen. Man versucht sie oder es im wahrsten Sinne des Wortes totzuschweigen. Erst, wenn es gar nicht mehr anders geht, bekämpft man eine gegnerische Gruppe auch mit Worten.)

Aufgrund der außerbiblischen Quellen kann als sicher gelten, dass ein Mensch namens Jesus von Nazareth um das Jahr 30 unserer Zeitrechnung gekreuzigt wurde. Jesu Leben und Tod ist heute in der Geschichtswissenschaft unstrittig – wie in der historischen Wissenschaft etwas nur unstrittig sein kann –, fragwürdig ist nur das, was nach der Kreuzigung passierte. Aufgrund komplexer Berechnungen und einiger Annahmen schließe ich mich meinen Historiker-Kollegen an und gehe übrigens von der Kreuzigung am 7. April 30 aus. Die Auferstehung würde somit auf Sonntag, 9. April 30 unserer Zeitrechnung fallen.

Kommen wir nun nach den außerbiblischen Quellen zu denen aus der Bibel, genauer: dem zweiten Teil, dem Neuen Testament. Wir brauchen die biblischen Bekenntnisse aus mehreren Gründen: Zum einen sagen die außerbiblischen Quellen nichts über die Zeit kurz nach Jesu Tod aus. Zum anderen enthält das Neue Testament sehr viele Stellen zur Auferstehung und dazu, warum sich das Christentum verbreitete.

Jetzt gibt es zur Vertrauenswürdigkeit der 27 Schriften im Neuen Testament alle möglichen Vorstellungen. Sie reichen von „total unglaubwürdig" bis „alles richtig". Fakt ist jedenfalls, dass viele Einzelheiten durch Archäologie und Geschichtswissenschaft bestätigt wurden. So wurde beispielsweise die angezweifelte Existenz von Pontius Pilatus 1961 durch einen Stein bestätigt, auf dem sein Name und Rang steht. Sogar das Nachrichtenmagazin DER SPIEGEL – sonst eher unverdächtig, pro-christlich zu schreiben – gibt unter anderem in seiner Oster-Ausgabe 2008 zu, dass archäologische Funde die Evangelien in vielen Details bestätigten. Überlieferte Personen und Schauplätze würden wirklich existieren. In einer Arbeit über Lukas, den Verfasser des gleichnamigen Evangeliums und der Apostelgeschichte, konnte Alexander Mittelstaedt (2005) außerdem nachweisen, wie gut gearbeitet wurde.

Auch wenn ich persönlich das Neue Testament als historische Quelle für glaubwürdig halte – und nicht nur, weil ich überzeugter Christ bin, auch als Historiker – so kann ich doch nachvollziehen, dass man sich damit schwer tut. Die meisten kritisieren dabei nicht einmal, dass die grobe Linie der biblischen Berichte nicht stimmt. Diese sind im Grunde unwidersprochen: Jesus hat gelebt, seine Lebenszeit ist recht genau einkreisbar, er sammelte eine Gefolgschaft um sich und wurde verurteilt sowie gekreuzigt. Danach kam Paulus und wurde so etwas wie der erste Chefideologe des Christentums und so weiter. Diese Dinge sind weitgehend anerkannt. Schwieriger wird es meistens mit Details: Hat der Kindermord von Bethlehem stattgefunden, gab es die Volkszählung – wegen der Jesus in Bethlehem geboren worden sein soll – wirklich, wie ist das mit den Unterschieden in den Berichten über die Auferstehung und so weiter. Häufig steht dann im Raum, dass es den Schreibern nicht um bewusste Fälschung ging, eher darum, theologische Wahrheiten anstelle von historischen aufzuschreiben. Auch werden den Evangelien-Schreibern mitunter Motive unterstellt, die es ihnen geraten schienen, Dinge anders darzustellen als sie tatsächlich stattfanden. So lautet ein Klassiker, dass Pontius Pilatus – der sonst nur als schwieriger Charakter dargestellt wird – Jesus freundlich gesonnen beschrieben worden sein soll, während die jüdischen Autoritäten schlecht im Prozess wegkommen. Grund dafür sei die politisch-religiöse Großwetterlage zur Zeit der Abfassung gewesen. Die ersten Christen hätten im römischen Reich punkten wollen.

Auch wenn man hierzu einiges sagen kann, so sind mir diese Gedanken doch nicht fremd und aus einer rein wissenschaftlichen Betrachtungsweise kann ich sie gut nachvollziehen. Deshalb verzichte ich auf Details aus dem Neuen Testament bei Kreuzigung und Auferstehung und argumentiere mehr anhand von unstrittigen großen Linien in den Berichten. Wenn ich trotzdem tiefer in die Texte einsteige, so gebe ich gute Gründe dafür.

> *Literatur-Tipp*
> Selbstverständlich ließen sich noch viele Fakten auflisten, warum das Neue Testament als Quelle vertrauenswürdig ist. Wer möchte, kann dies nachlesen bei John Lennox, Lee Strobel, Craig Blomberg und Charles Foster (siehe Anhang) sowie vielen anderen auch. Einen ersten Zugriff dazu gibt ebenfalls die Internetseite www.iguw.de.

Trotzdem muss ich unbedingt noch auf weitere Anfragen an die Zuverlässigkeit der Quellen eingehen. Die Texte sind fast 2000 Jahre alt und wir haben keine Originale mehr davon – woher können wir wissen, dass der Text heute nicht durch die Abschriften total verfremdet ist?

Ein Beispiel, wie die antiken religiös motivierten Abschreiber ihre Aufgabe ernst nahmen, liefern die Qumran-Rollen. Bis 1947 ein Exemplar der Jesaja-Rolle aus dem ersten vorchristlichen Jahrhundert gefunden wurde, existierte nur ein 1000 Jahre jüngeres. Ein Vergleich dieser beiden Jesaja-Texte ergab zwar viele Fehler, aber keine von Belang. Inhaltich stimmte alles überein. Die Überlieferung beim Neuen Testament ist dagegen viel besser als die bei Jesaja & Co. Es gibt lustig anzuschauende Tabellen zur Überlieferungslage der Quellentexte: So stammt die früheste Abschrift von Cäsars Schriften aus der Zeit knapp 1000 Jahre nach seinem Tod und die Anzahl der Schriften beträgt zehn. Dieses Beispiel ließe sich genauso auf die anderen üblichen Verdächtigen unter den bekannten Verfassern antiker Texte übertragen (Tacitus, Platon, Herodot und so weiter). Zum Vergleich: Der früheste Originalschnipsel aus dem Neuen Testament stammt aus dem Jahr 125 und ist somit wenige Jahrzehnte nach der Urschrift abgeschrieben worden. Die Anzahl der Abschriften beträgt nicht etwa zehn (wie bei Cäsar), sondern mehr als 2400. Sprich: Wir können mit recht großer Sicherheit davon ausgehen, dass ein Paulus heute auch ein Paulus von damals ist.

Ein anderer grundsätzlicher Vorwurf lautet: Weil die Evangelien-Berichte sich an einigen Stellen in Details unterscheiden, könne ihnen insgesamt nicht vertraut werden. Dieser Vorwurf wurde vor kurzem wieder von Kurt Flasch in „Warum ich kein Christ bin" (2013) erhoben. Aus Historiker-Sicht laufen solche Vorwürfe aber eher ins Leere. Zum einen lassen sich viele anscheinende Widersprüche tatsächlich aufklären. Zum anderen sind Unterschiede in der Darstellung eher ein Indiz dafür, dass verschiedene Beobachter dasselbe Ereignis beschreiben. Hannibals Alpenüberquerung 218 vor Christus wird durch zwei unterschiedliche Berichte gestützt. Niemand bezweifelt die Tatsache der Alpenüberquerung, lediglich, welche Details korrekt sind. Wenn die vier Evangelisten exakt dasselbe geschrieben hätten, käme postwendend der Einwand, sie hätten nur voneinander abgeschrieben.

> *Sechs Ansätze*

Zur Fragestellung zurück: Wie lässt sich der Anfang des Christentums erklären? Was kann man zu dem sagen, was nach biblischen Berichten am Ostermorgen geschehen ist? In einem kompakten amerikanischen Buch zu apologetischen Fragen habe ich einmal eine Abwandlung meiner Argumentation gesehen, die mich überzeugt hat und die ich deshalb weiterentwickelt habe. (Die ursprüngliche Idee findet man bei Peter Kreeft und Ronald K. Tacelli im „Handbook of Christian Apologetics" (1994). Ähnlich sehen es auch Theißen und Merz in ihrem Lehrbuch „Der historische Jesus" (2011).) Es gibt nun sechs mögliche Interpretationen, wie man zu dem stehen kann, was damals um das Jahr 30 in Jerusalem geschehen ist und wodurch die Jesus-Jünger angetrieben wurden:

1. Jesus ist gar nicht gekreuzigt worden, einer anderer ist für ihn gestorben, er wurde vertauscht.
2. Jesus wurde zwar gekreuzigt, starb aber nicht, sondern fiel nur in Ohnmacht und konnte deshalb den Jüngern als Auferstandener begegnen.
3. Jesus ist gestorben, wurde begraben und die Jünger fielen einer Täuschung zum Opfer beziehungsweise hatten den Eindruck, Jesus gesehen zu haben.
4. Jesus ist gestorben, wurde begraben und die Jünger verschworen sich und behaupteten lediglich, Jesus sei auferstanden.
5. Jesus ist gestorben, wurde begraben und es bildete sich anschließend in der Kirche der Mythos heraus, Jesus lebe und sei auferstanden.
6. Jesus ist gestorben, begraben und auferstanden, wie es die Bibel berichtet.

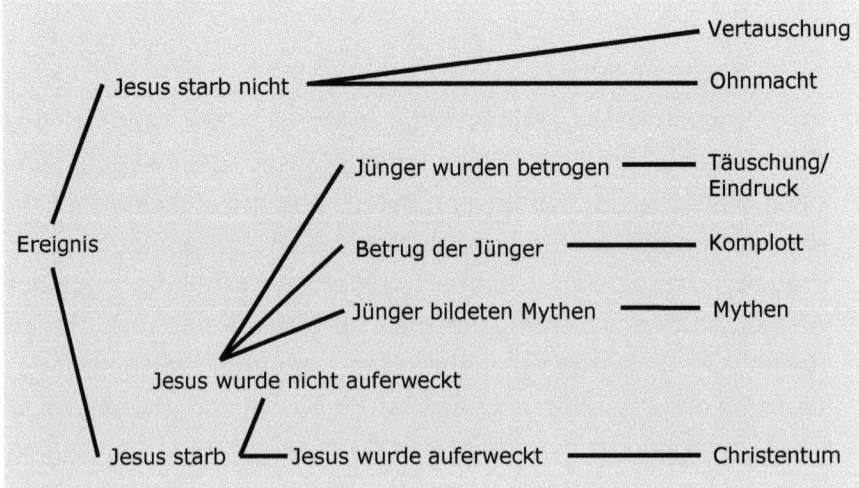

Interessanterweise ist der Gedanke relativ neu, es könnte sich anders zugetragen haben, als die biblischen Berichte – zumindest auf den ersten Blick – behaupten. Die frühe, die mittelalterliche und auch die Kirche der Reformation sind einmütig der Auferstehungs-Interpretation gefolgt, dass Jesus real auferstand. Erst in der (Vor-)Aufklärung wurde die Auferstehung als historisches Ereignis in Frage gestellt. Hermann Samuel Reimarus (gestorben 1768) beschäftigte die Frage, ob es mit der Auferstehung seine Richtigkeit haben könne. Unter anderem geht auf sein Wirken in späterer Zeit die Initiierung der Leben-Jesu-Forschung zurück. Diese wollte die historische Person Jesus von Nazareth vom geglaubten und verkündeten Jesus Christus unterschieden wissen.

Die derzeit vorherrschenden theologischen und publizistisch weitverbreitetsten Meinungen sind aber keine der sechs Erklärungsmodelle. Es sind zwei Formen des Umgangs mit dem, was damals historisch tatsächlich geschah. Der Grundgedanke ist jeweils: Es ist irrelevant, was damals passierte, und man will sich deshalb nicht damit beschäftigen. Dabei kommen Historiker und Theologen auf unterschiedlichen Wegen zu diesem „Ergebnis".

Rudolf Augstein (DER SPIEGEL-Gründer) schreibt in seinem bekannten Buch „Jesus Menschensohn" (1974) davon. Und in der Vorlesung „Jesus von Nazareth" wartete ich gespannt wie ein Flitzebogen auf die Auferstehungs-Erklärung des früher erwähnten Althistorikers Alexander Demandt. Die Deutung wurde ein Coitus interruptus: Man wisse nicht, was passiert sei. Punkt aus, Vorlesung zu Ende. So viel Verständnis ich dafür habe, der religiös aufgeladenen Frage nach der Auferstehung nicht nachgehen zu wollen, so unbefriedigend finde ich es doch einfach lesen zu müssen, die Legende habe die Motive der Jünger, an die Auferstehung zu glauben, überwuchert. Sachlich sei sie sowieso ohne Bedeutung.

Natürlich sind die Entwicklungen des Christentums wichtig! Aber die Frage nach der Ursache ist ebenso bedeutsam. Das Unerklärliche zu verdeutlichen gehört sonst ebenfalls zur Arbeit eines Historikers. Auch Atheisten können – und tun es ja auch an anderer Stelle – Ursachenforschung betreiben. Christian Nürnberger schreibt in seinem Buch „Jesus für Zweifler" (2014): „Es gibt Theologen, die an der Historizität einer leiblichen Auferstehung festhalten, und andere, die sagen, Jesu Leiche sei im Grab verwest wie jede andere. Dazwischen tummeln sich jene, die schwer verständlich drumherum reden." Ein anderer Theologe, Walter Künneth, meint in „Theologie der Auferstehung" (1951), nach der Auferstehung Jesu zu fragen, heiße „den Einsatz an dem am wenigsten gesicherten und am schärfsten umkämpften Frontabschnitt der Theologie zu wagen".

Die Theologen, die sich tatsächlich äußern, gehen etwas eleganter mit der Nichtbeachtung der Auferstehung um als die historisch arbeitenden Kollegen. Der evangelische Theologe Friedrich Schleiermacher verkündete in den 1820er Jahren die „Tatsache der Auferstehung" Christi könne nicht als eigentlicher Bestandteil der Lehre von seiner Person aufgestellt werden. Diese Auffassung vertrat dann übrigens auch der Pfarrerssohn Friedrich Nietzsche. In seiner wortgewaltigen Streitschrift „Der Antichrist – Fluch auf das Christentum" (1895) setzt sich Nietzsche nicht nur mit den Christen auseinander, sondern nennt Jesus auch den einzigen Christen überhaupt. Alles nach Jesu Kreuzigung sei nicht mehr Evangelium – sondern eine „schlimme Botschaft". Die Auferstehung sei eine „Erfindung des Paulus". Belege dafür bleibt er schuldig. (Am Rande sei zu Nietzsche noch bemerkt, dass sich gerade für Christen die Lektüre durchaus lohnen kann – nicht alle Kritik von Nietzsche an Christen ist so einfach von der Hand zu weisen. Außerdem: Während

Nietzsche die Nachfolger von Jesus unausstehlich findet, ist er von Christus selbst sehr fasziniert.)

Schleiermachers Schüler David Friedrich Strauß brachte das bedeutende Werk „Das Leben Jesu, kritisch bearbeitet" (1835) heraus. Darin verfocht er eine symbolische Bedeutung der Auferstehung: Die reale Idee sei, die „Menschheit ist der Sterbende, Auferstehende und gen Himmel Fahrende."

Einen weiteren Meilenstein in der Interpretation brachte dann Rudolf Bultmann. In seinem bahnbrechenden Aufsatz „Neues Testament und Mythologie" von 1941 schreibt Bultmann: Statt des mirakelhaften Ausdrucks „Auferstehung" müsse der theologische Gehalt der Auferstehung vermittelt werden. Der Auferstandene begegne „im Wort der Verkündigung, nirgends anders". Daraus ist das Schlagwort entstanden, Jesus sei ins Kerygma (Botschaft) auferstanden. Ein Bultmann-Schüler und heute Theologie-Professor hat einem Freund von mir dies einmal so erklärt: „Dass wir hier zusammen sitzen und uns über Jesus unterhalten, das ist Auferstehung!" In „Theologie des Neuen Testaments" (1948) schreibt Bultmann: „Wie der Osterglaube bei den einzelnen Jüngern entstand, ist in der Überlieferung durch die Legende verdunkelt worden und ist sachlich von keiner Bedeutung."

Zu Bultmann und den ihm ähnlich argumentierenden Nachahmern komme ich bei „Mythos" noch näher. Auch wenn Bultmann von vielen Theologen heutzutage nicht mehr so vehement genutzt wird, so ist sein Gedankengut doch allgegenwärtig. Hauptargument: Unter „Auferstehung" meinten die ersten Christen keine körperliche. Erst später seien die Leiblichkeit und die Erscheinungen dazu gekommen. Es handele sich bei der Auferstehung um eine religiöse Erfahrung. Was dann von renommierten Theologen kommt ist: Die Auferstehung sei ein Akt des Glaubens, nicht der Geschichte. Es wäre unhistorisch, historisch heranzugehen –

Gottes Handeln sei schließlich nicht mess- und erforschbar. Andere sagen: Die ersten Christen hätten ihren Auferstehungsglauben gar nicht so verstanden wissen wollen. Dann gibt es Aussagen wie „es sei ja keiner dabei gewesen und deshalb könne über die Auferstehung keine Aussage getroffen werden". Dem Glauben würde außerdem etwas weggenommen, wenn er Beweise benötigen würde.

Für Fortgeschrittene

Bultmanns Ansatz, Jesus und das Christentum von allem Übernatürlichem zu trennen, kommt mir vor wie der Satz: Operation gelungen, Patient tot. Das Christentum wurde dabei vollkommen vom göttlichen „Ballast" befreit – übrig geblieben ist dabei nichts als Ethik, für die man wiederum keine Theologie braucht. Auch Atheisten können ethisch argumentieren, wie etwa Norbert Hoerster.

Als Historiker rollen sich mir bei dieser Argumentation die Fußnägel hoch. Diese Gedanken sind einfach vollkommen unhistorisch. Oder einmal anders herum aufgezogen: Stellen wir uns vor, ein Mensch aus einfachen Verhältnissen entwickelt eine Feindschaft gegen eine spezielle Sorte Mensch. In nur wenigen Jahren kommt er an die Macht. Dies gelingt ihm auch dadurch, dass er besagte Menschen verfolgt und verleumdet. Als Herrscher setzt er dann alles daran, um diese Menschen auszurotten. Ist da nicht die Frage sogar zwingend notwendig, woher dieser Hass kam – auch wenn niemand bei seiner Entstehung dabei war? Historiker haben jedenfalls schon lange die Frage gestellt, warum Adolf Hitler – so hieß der Mann – alles daran setzte (und dafür sogar militärische Ressourcen band), um die Juden zu vernichten.

Ursache und Wirkung gehören zu den spannendsten Fragen in der Geschichtswissenschaft. Die Wirkung ist unübersehbar und kann nicht geleugnet werden: der einzigartige Erfolg des

Christentums. Wer sich der Frage nach dem Verständnis der Auferstehung der ersten Christengeneration verwehrt, verweigert die Frage nach dem Ursprung der größten Geschichte innerhalb der Geschichte: Warum begann das Christentum, besser formuliert: Warum konnte das Christentum beginnen?

In der Diskussion taucht immer wieder das Schlagwort vom „historischen Rand" der Auferstehung auf. Mit anderen Worten, weil eben Gott handelt – und nicht Menschen – entziehe sich ein wichtiger Teil der historischen Forschung. Da ist natürlich etwas dran, darin unterscheidet sich die Auferstehung von anderen historischen Ereignissen. Deshalb ist die Auferstehung tatsächlich ein meta-historisches Ereignis, also eines über die Geschichtswissenschaft hinaus weisendes. Joseph Ratzinger erklärt in seinen Jesus-Büchern (2007 bis 2011), man könne selbstverständlich nicht das Handeln Gottes mit menschlichen Mitteln messen, aber es würde Spuren hinterlassen – die wiederum untersuchbar seien. Das heißt eben, dass Historiker ordentliche Antworten mit vielleicht daraus sich neu stellenden Fragen erarbeiten können. Schließlich und endlich ist auch die Andeutung auf das Handeln Gottes – oder etwas anonymer: unerklärlicher Dinge – ein historischer Hinweis. Klar, zur Forschung muss letztendlich der Glaube kommen – die Auferstehung ist schließlich auch kein Gottesbeweis. Aber besagtes Fragezeichen wäre schon oftmals ehrlicher als ein „die Auferstehungsdebatte ist unwichtig" oder „man weiß nicht, was passiert ist und ich habe keine Lust darüber nachzudenken".

Andere Theologen kombinieren das Wirken Gottes, welches nicht nachweisbar sei, mit der Idee, ein bewiesener Glaube sei gar keiner. Formal ist natürlich richtig, dass man nicht an etwas glauben muss, was als Fakt vorliegt. Aber diese

Richtung unterschlägt, dass wir bei der Auferstehung niemals einen unwiderlegbaren Beweis vorliegen haben werden – und, dass der Glaube Gründe braucht. Für mich als Joachim Samuel Eichhorn macht es eben einen Unterschied, ob ich an das Fliegende Spaghetti-Monster glauben soll (eine Erfindung humoristisch veranlagter US-amerikanischer Physiker zur Religionsparodie) – oder an einen auferstandenen Jesus, für den einige spannende historische Indizien sprechen.

Auch John Lennox zeigt sich in seinem Buch „Gott im Fadenkreuz" (2013) darüber verwundert, dass sich heutzutage kaum noch jemand ernsthaft mit der Auferstehung auseinandersetze. Vor allem Naturwissenschaftler wie der Neue Atheist Richard Dawkins scheinen die Bedeutung der Auferstehung noch nicht einmal im Ansatz begriffen zu haben. Als Naturwissenschaftler ist sie auch nicht unbedingt ihr angestammtes Gebiet – trotzdem sollten sie aber auch nicht einfach über sie hinweggehen. Ich empfinde dieses Verhalten als eher unambitioniert. Sonst versuchen doch auch immer alle, auf alles eine Antwort zu finden. Ich bin froh, dass ich ein einziges Mal den ansonsten oft schwer verständlichen Philosophen Georg Wilhelm Friedrich Hegel (um 1800) verstehe: „Die Verdrängung der heidnischen Religion durch die christliche ist eine von den wunderbaren Revolutionen, deren Ursachen aufzusuchen den denkenden Geschichtsforscher beschäftigen muss." Dies geht aber nur, wenn man wirklich alle Erklärungsmöglichkeiten einbezieht – auch die der Auferstehung.

Wie dem auch sei, nun zu den einzelnen sechs Erklärungsmodellen. Was spricht für was?

1. Jesus wurde vertauscht

Die erste Möglichkeit ist, dass Jesus vor der Kreuzigung vertauscht wurde – also gar nicht erst ans Kreuz genagelt wurde. Diese Behauptung ist schon sehr alt. Der Kirchenvater Irenäus von Lyon berichtete in seinem Werk „Gegen die Häresien" (180) von judenchristlichen Auferstehungs-Vorstellungen der Gnostiker. Für die Gnostiker sind der Mensch beziehungsweise sein Geist göttlichen Ursprungs. Der Körper war für sie schlecht. Deshalb lehnten die Gnostiker die Erlösung am Kreuz ab. Jedenfalls habe Jesus vor seiner Kreuzigung Simon von Kyrene (wird in Markus 15 erwähnt) verwandelt. So hätten die Römer gedacht, Simon sei Jesus. Jesus sei dabei gestanden und habe die Römer verlacht.

Diese gnostischen Gedanken sollen dann vom Koran (um 630) übernommen worden sein – so jedenfalls eine nichtmuslimische Lesart. Wie dem auch sei, im Koran steht in Sure 4: „...und wegen ihrer Rede: Wir haben den Messias, Jesus, den Sohn der Maria, den Gesandten Gottes getötet; während sie ihn doch weder erschlagen noch gekreuzigt hatten, sondern dies wurde ihnen nur vorgetäuscht; [...] sie haben ihn [Jesus] nicht mit Gewissheit getötet. Vielmehr hat Allah ihn zu sich emporgehoben".

Da diese beiden Quellen sehr alt sind (um 200 beziehungsweise um 600 aufgeschrieben, sie könnten sogar noch auf ältere Quellen zurückgehen) kann an ihnen etwas dran sein. Zusätzlich gibt es noch ein so genanntes Barnabas-Evangelium. Dort wird behauptet, Judas habe Jesus sehr stark geähnelt und sei an dessen Stelle gekreuzigt worden. Allerdings sei dieses so genannte Evangelium – mit seinen historischen und geografischen Fehlern – nach Meinung der meisten Experten 1000 Jahre jünger. Es handelt sich deshalb nicht um eine ernsthafte Quelle zur Auferstehung. Da sie auch nicht über die Information von älteren Quellen hinausgeht, ist „Barnabas" vernachlässigbar.

Aus den ersten beiden Texten wird bereits deutlich, dass diese religiös motiviert sind. Selbstverständlich kann man dies auch über die biblischen Texte sagen – diese sind aber deutlich früher entstanden und können sich dazu auf Zeitzeugen berufen, dazu später mehr. Im Falle der Gnostiker haben wir sogar nur das Zeugnis eines Gnosis-Gegners. Der Koran entstand knapp 600 Jahre nach der Kreuzigung und reklamiert keinerlei weitere Quellen für sich. Beiden Aussagen ist jedenfalls eines gemeinsam: Sie erfordern – wie die Auferstehung – ein Wunder. Bei beiden wurde Jesus vertauscht und durch jemand anderen ersetzt. Den Vollstreckern und Zuschauern der Kreuzigung sei vorgespielt worden, sie würden Jesus sterben sehen. Beide Aussagen gehen nicht auf die Frage ein, wie das Christentum ohne Jesus nach der Kreuzigung entstehen konnte.

Meine Lieblingshypothese ist aber die Verschwörungstheorie, Jesus sei aufgrund eines genialen Schachzuges verurteilt worden und eben nicht selbst gekreuzigt worden. Ein anderer habe sich für Jesus geopfert. Danach habe Jesus sich den anderen Jüngern als Auferstandener präsentieren können. Nachdem Jesus also eine grausame Statthalterschaft zugelassen hätte, wäre er trotzdem herumgelaufen und hätte versucht, seinen Jüngern aus Auferstandener zu erscheinen. Ein solcher Plan, von langer Hand vorbereitet, wäre ein wahrer Geniestreich gewesen. Erst knapp 2000 Jahre danach wäre es herausgekommen. So behaupten es jedenfalls diese Kreativen.

Nicht diskutiert wird aus gutem Grund das Gedankenspiel, Jesus (oder sein Doppelgänger) sei gar nicht erst gekreuzigt worden. Wie ich noch zeigen werde, war es für Juden unvorstellbar, dem Kreuz etwas Positives abzugewinnen. Ein

Gekreuzigter war ein Verfluchter – weltlich und geistlich. Außerdem kommt noch ein weiteres Argument hinzu, warum sich die Verfasser der Evangelien niemals so eine Geschichte ausgedacht hätten. Wer sich die entsprechenden Abschnitte ansieht merkt schnell, dass die Schuldfrage mit den Juden beantwortet wird. So gut es ging, versuchten die Evangelien-Schreiber die Römer dabei herauszuhalten. Viele sehen darin die späte Herausforderung der Verfasser, sich mit den Römern gut zu stellen. Ebenfalls würden dadurch die Spannungen mit den jüdischen Autoritäten zur Zeit der Abfassungen zu Tage treten. Wenn aber Jesus nicht tatsächlich gekreuzigt worden wäre, hätten die vier Evangelisten sicherlich die Steinigung als jüdische Todesstrafe anstelle der Kreuzigung ins Spiel gebracht.

Alles in allem erscheint mir die Vertauschungs-Theorie in ihren verschiedenen Formen doch sehr schwach – bis hin zu vollkommen unglaubwürdig. Wenn ich es richtig sehe, wird diese Theorie deshalb auch außerhalb der besagten religiösen Kreise nicht vertreten. Sie wirft mehr Fragen auf, als sie beantwortet. Wie gesagt, zur Frage der Entstehung des Christentums kann sie nichts beitragen – oder präsentiert wenig glaubhaft einen normalen Menschen mit normalen Fähigkeiten als Gott. Vor allem in Zusammenhang mit den weiteren Hinweisen bei den nächsten Thesen wird deutlich: Als Ausgangspunkt für das Christentum, wie wir es kennen, hätte eine solche Theorie kaum ausgereicht.

2. Jesus starb nicht

Die Vertauschungs-Theorie hat die gemeinsame Schlussfolgerung mit der von der angeblichen Ohnmacht: Jesus sei als Nichtgekreuzigter seinen Nachfolgern erschienen und habe sich als Auferstandener ausgegeben. Die Scheintod-

Theorie geht gerne einher mit der anrührenden Ansicht, Jesu Himmelfahrt sei in Wahrheit die Auswanderung in ein fernes Land gewesen – teilweise mit seiner Ehefrau Maria Magdalena und dem gemeinsamen Sohn nach Südfrankreich oder Indien oder Kaschmir oder Syrien oder Iran oder Afghanistan (diese Hypothese wird beispielsweise in den Weltbestsellern von Dan Brown vertreten). Es gibt dabei in der Tat zahlreiche Überlieferungen, Jesus habe ein Grab irgendwo.

Bereits um 1800 ging ein Heinrich Eberhard Gottlob Paulus davon aus, dass das Grab zwar tatsächlich leer gewesen sei – aber lediglich, weil Jesus nur scheinbar tot gewesen sei. Er sei dann eben vorübergehend ins Leben zurückgekehrt. Anfang des 19. Jahrhunderts erwog auch der protestantische Theologe Friedrich Daniel Ernst Schleiermacher diese Theorie.

Die Ohnmachts-Hypothese hat nach Schleiermacher einen Tiefschlaf gehalten und wurde dann durch diverse populärwissenschaftliche Publikationen reanimiert. Dass Jesus die Kreuzigung überlebte und anschließend nach Kaschmir geflohen sei, wird beispielsweise von einem Siegfried Obermeier in seinem Buch „Starb Jesus in Kaschmir?" (1993) verfochten. Er beruft sich dabei auf einige Indizien aus Kaschmir, wo noch heute Jesu Grab zu besuchen sein soll. Außerdem ist seine wichtigste Quelle, dass Jesus nicht gestorben sein soll, das Turiner Grabtuch. Dort wird ein Mensch abgebildet, der nach Aussage der Vertreter dieser These, Jesus abbildet, als er noch gelebt habe. Sprich: Jesus wurde gekreuzigt, starb nicht, wurde von den Soldaten als tot deklariert, dann in dieses Tuch eingewickelt, konnte sich befreien, wurde wieder aufgepäppelt, erschien seinen Jüngern als Auferstandener und das Tuch kam viel später über Umwege nach Turin, wo es heute noch liegt.

Eine andere Lesart vom Scheintod wurde vom bekannten Filmemacher James Cameron (Titanic, Avatar) veröffentlicht.

Er will das Grab von Jesus – dieses Mal allerdings in Jerusalem – gefunden haben. Dabei stützt er sich auf einen Grabkasten (Ossuarium), auf dem die Namen der Familie von Jesus stünden.

Es ist selbstredend theoretisch denkbar, dass Jesus die Kreuzigung überlebte – beziehungsweise es ist nicht von vorneherein auszuschließen. Beim jüdischen Historiker Josephus wird auch ein solcher Fall beschrieben – wenn auch unter vollkommen anderen Umständen: Drei Freunde von Josephus durfte er lebendig vom Kreuz abnehmen lassen. Dabei war bei der Abnahme offensichtlich, dass sie noch lebten. Interessanterweise starben zwei dann aber trotzdem, nur einer überlebte. Und das, obwohl sie nach der Kreuzigung die besten römischen Ärzte bekommen haben sollen.

Wieso ist es leicht erklärlich, dass man eine Kreuzigung trotz bester Pflege nach der Abnahme vom Kreuz nicht überlebte? Letztendlich wissen wir nicht genau wie die Kreuzigung von Jesus aussah. Es gab nicht die eine Standardmethode und dadurch auch verschiedene Theorien, woran der Verurteile letztendlich starb. Am spannendsten sind dabei sicherlich die Studien an Lebenden von Dr. Frederick T. Zugibe. Aber eine ganze Reihe von Begleitumständen und anderen Details der römischen Kreuzigung um das Jahr 30 kennen wir doch. Diese lassen einen erschauern – und es für extrem unwahrscheinlich halten, dass jemand eine Kreuzigung überlebt, dem dies nicht erlaubt war.

Drei römische Bräuche lassen Jesu Tod während der Kreuzigung als fast schon zwingend erscheinen: Erstens folgte der Verurteilung eine Geißelung, wie sie auch in den Evangelien beschrieben wird. Ein Stock mit Lederriemen, an denen harte Spitzen aus Eisen oder Knochen befestigt waren, diente als Peitsche. Der Auspeitscher musste dabei nur aufpassen, dass der Gefangene nicht schon hierbei starb.

Schließlich sollte er auch noch stark genug sein, um den Querbalken des Kreuzes zur Hinrichtung zu tragen. Der Querbalken ist das Zweite. Der Verurteilte musste zwar nicht das ganze Kreuz selbst tragen, aber immerhin den Querbalken. An diesem wurden nachher seine Arme befestigt. Nach der Folterung musste also noch ein schwerer Balken zum Schafott getragen werden. Als drittes waren die durchführenden Soldaten für den Tod des Gekreuzigten verantwortlich. Das römische Militärrecht sah für eine Verfehlung in diesem Bereich im Dienst die Todesstrafe vor – meistens in Form des Totschlags durch die eigenen Kameraden. Die Kreuzigungs-Truppe hatte also ein eigenes Interesse daran, nicht nachlässig jemanden entkommen zu lassen. Die Soldaten waren dazu echte Tötungsprofis. Sie wussten, wann jemand tot oder nur in Ohnmacht gefallen war.

Für Film-Fans

Einen guten Eindruck der römischen Kreuzigungs-Praxis gibt übrigens tatsächlich der Mel-Gibson-Film „Die Passion Christi" (2004).

Es ist nach wie vor nicht ganz sicher, wo Jesus von Pilatus verurteilt und dann gekreuzigt wurde. In Jerusalem führt die Via Dolorosa (Schmerzens-Straße) traditionell von der ehemaligen Burg Antonia am Tempelberg zur jetzigen Grabeskirche. Die Forschung geht eher davon aus, dass Jesus im ehemaligen Herodes-Palast (heutige Zitadelle beim Jaffa-Tor) verurteilt wurde. Die Mehrheit der Forscher meint tatsächlich, dass die Grabeskirche tatsächlich auf Golgatha und dem Grab Jesu stehen würde.

Selbst wenn man einen anderen Ort als historisches Golgatha annimmt – wie etwa die heute als Gartengrab gezeigte Begräbnisstätte – wird eines trotzdem klar: Die Strecke zu Fuß vom Verurteilungsort bis nach Golgatha durch das hügelige Jerusalem ist keine kurze. Und um sich vorzustellen, dass Jesus nach einer durchwachten Nacht, Folterung und Verurteilung kaum die Kraft gehabt hätte die Kreuzigung zu überleben, braucht man keine Phantasie.

Achtung Anekdote

Dass das Gartengrab nicht wirklich das Grab von Jesus sein kann, zeigen schon deren heutige Öffnungszeiten: Am Tag des wöchentlichen Auferstehungs-Gedenkens, dem Sonntag, hat das Gartengrab für Besucher geschlossen. Wie hätte Jesus da auferstehen können? ☺

Im Johannes-Evangelium wird berichtet, ein römischer Soldat habe nachgesehen, ob Jesus tot sei und eine Lanze in seine Seite gestoßen. (Gegebenenfalls hat er dabei auch den Tod gleich mit verursacht.) Der Seitenhieb kann durchaus so gewesen sein. Immerhin mussten die Soldaten sichergehen, dass der Tod wirklich eingetreten war. Außerdem berichtet Johannes 19 davon, dass Blut und Wasser aus der Wunde gekommen seien. Auch wenn Johannes diesem Lanzenstoß eine theologische Komponente gibt, so klingt das „Blut und Wasser" doch glaubwürdig. Ärzte gehen davon aus, dass der Speer einen Lungenflügel und das Herz durchdrang. Beim Herausziehen wäre dann Flüssigkeit herausgetreten. Diese könnte beispielsweise vom Herzbeutel (Perikard) und von der Lunge (Pleuraerguss) herstammen. Diese Gewebeflüssigkeit sah wohl klar wie Wasser aus und wurde von einem Schwall Blut begleitet. Da Johannes vermutlich keine Ahnung hatte, warum Blut und klare Flüssigkeit heraustrat, klingt diese Beschreibung wahr. Dies bestätigt auch den Tod von Jesus – einerseits allein der Todesstoß und andererseits das Ergebnis in Form von besagten Flüssigkeiten.

Selbst im Markus-Evangelium wird berichtet, dass Pilatus erstaunt war, dass Jesus schon tot war. Dies wird gerne genutzt, um zu verdeutlichen, Jesus hätte in der kurzen Zeit, die in den biblischen Berichten zur Verfügung standen, eben nicht schon tot sein können. Aber immerhin waren es sechs Stunden (zwischen 9 und 15 Uhr) in Markus 15. Außerdem kann sich der israelische Archäologe und Altertumswissenschaftler Shimon Gibson (2010) sehr gut vorstellen, dass Jesu Tod tatsächlich nach der ganzen Folter und Kreuzigung bereits binnen Stunden eingetreten sein könnte. Die oft erwähnte Abstützmöglichkeit am Kreuz für das Gesäß galt als lebensverlängernde Maßnahme. Ob sie aber bei Jesus am Kreuz installiert wurde und ob Jesus sie nutzte, wissen wir nicht. Unwahrscheinlich ist es nicht, es kam in der Antike aber beides vor: mit und ohne Abstützmöglichkeit. Für die Frage, ob Jesus schnell hätte sterben können, ist eine angebrachte lebensverlängernde Abstützmöglichkeit nicht weiter wichtig. Jesus wollte sterben und hätte sie ungenutzt lassen können. Damit wäre der Tod binnen Stunden leicht möglich gewesen. Dies würde aber das Erstaunen von Pilatus erklären.

Die Geißelung hatte zu schwerem Blutverlust geführt, das Tragen des schweren Kreuzbalkens auf seinen Schultern nach Golgatha hatte gewiss Dehydrierung und Erschöpfung zur Folge. Gibson schlussfolgert deshalb, es könne nicht überraschen, dass Jesus nicht lange am Kreuz hing, drei bis höchstens sechs Stunden. Gibson geht bei der Auferweckung vom Tod bei Lazarus (Johannes 11) durch Jesus davon aus, dass Lazarus nur bewusstlos gewesen sei. Bei Jesus dagegen kann Gibson sich das nicht vorstellen, die Kreuzigung und deren Begleiterscheinungen sprechen aus seiner Sicht eindeutig dagegen.

Was gibt es noch für Argumente, dass Jesus starb? Im Gesamtkontext erscheint es noch unwahrscheinlicher, dass Jesus als Auferstandener nach der Kreuzigung hätte

erscheinen können. Wie hätte Jesus halbtot den Stein vom Grab wegrollen können? Das Grab war von innen nicht zu öffnen – wie man an besagtem Gartengrab sehen kann. Und selbst wenn das Grab nicht durch einen Rundstein verschlossen worden war, sondern eher durch eine Art eckigen Pfropfen – wie ihn viele Gräber damals hatten –, beides wäre von innen nicht leicht für einen Fast-Toten wegzubewegen gewesen. Die jüdische Salbung und die Tücher hätte ein Scheintoter und Schwerstverletzter kaum überlebt – und ohne ärztliche Versorgung etwa 40 Stunden ohne Wasser durchzuhalten, vergrößerte die Überlebenschance nicht gerade. Wie hätte er außerdem danach seinen Jüngern als Auferstandener begegnen können? Laufen hätte er nicht können, nachdem ihm die Füße durchnagelt worden waren. Eine Kur wäre sicherlich angebrachter gewesen, als den Superhelden zu spielen. Seine Jünger hätten sich sicherlich sehr über Jesu Überleben gefreut – und sich rührend um ihn gekümmert. Aber Jesus als Auferstandenen – und damit als Herrn über den Tod – hätten sie ihn sicherlich nicht gefeiert.
Die Vermutungen rund um die diversen Gräber von Jesus in sonst wo können die Gräber von sonst wem betreffen. So ist es eher wahrscheinlich, dass das Grab in Srinagar (Kaschmir) auf einer bloß behaupteten Identität zwischen Jesus und Yuz Asaf beruht. Bei besagtem „Yuz Asaf" kann es sich viel wahrscheinlicher um einen kaum bekannten muslimischen Heiligen handeln.
Zur Behauptung, man habe die Knochenkiste von Jesus gefunden, lässt sich sagen: Um das Jahr 1 war es kein Kunststück die Namen Josef, Maria und Jesus zusammen vorzufinden. Dies sind jüdische Allerweltsnamen, die allein schon rein statistisch gesehen auf einigen dieser Ossuarien auftauchen mussten. Die Namenswahl war damals auch nicht annähernd so vielfältig wie heute und jene Namen waren

damals noch weiter verbreitet als um 1900 Wilhelm und Ludwig. Allein in den Evangelien kommen noch mindestens drei weitere Marias vor, ein jeweils weiterer Jesus und Josef.
Das Turiner Grabtuch kann nicht als Quelle genutzt werden. Erstens ist derzeit noch vollkommen ungewiss, ob es aus der Zeit von Jesus stammt, außerdem wird der Nachweis schwierig, dass dort wirklich Jesus abgebildet wurde. Es war dazu damals gängige Praxis, zwei Tücher zum Einwickeln zu nutzen (Ober- und Unterkörper), nicht nur eines, wie beim Turiner Grabtuch. Zwar setzt tatsächlich in der Regel bereits kurz nach dem Tod die Blutgerinnung ein – so dass im Turiner Grabtuch-„Blut" durchaus ein Scheintoter hätte liegen können –, allerdings kann ebenfalls bei einem toten Körper bis zur vollständigen Gerinnung noch Blut durch eine größere Wunde austreten. Das sind alles zu viele Ungewissheiten für eine schlüssige Argumentation, das Turiner Grabtuch würde den Scheintod von Jesus belegen.
Dass Jesus tot war, ist also schwer zu bestreiten. Es ist in der Antike niemand bekannt, der eine Kreuzigung überlebt und danach die Möglichkeit besessen hätte, sich nach wenigen Tagen als Lebender zu präsentieren. Er hätte weder laufen, noch Hände schütteln noch sich sonst irgendwie als Gesunder präsentieren können. Dass wir wegen der verschiedenen Kreuzigungsarten nicht wissen, nach welcher Jesus hingerichtet wurde, spielt keine Rolle. Das Resultat war immer dasselbe: der Tod.

3. Jünger dachten, sie hätten Jesus lebend gesehen

Mit der nahezu kompletten wissenschaftlichen Forschung können wir also festhalten: Der Tod von Jesus kann als feststehend bezeichnet werden. Es hätte doch aber sein können, dass dies die Jünger nicht sehen wollten und somit dachten, ihr Meister und Messias sei nicht gestorben – oder lebe doch zumindest in einer irgendwie gearteten besonderen Form weiter. Dies ließe sich durch verschiedene Theorien realisieren: Halluzinationen, Visionen, Autosuggestionen und kognitive Dissonanz. Dieser Ansatz beruht auf dem einfachen Gedanken, dass Menschen in Grenzsituationen ihres Lebens sich Dinge so sehr wünschen, dass sie auch passieren – zumindest in ihren Gedanken.

Erich Kasten hat ein Buch über solche Erfahrungen von Menschen mit all ihren Facetten geschrieben: „Die irreale Welt in unserem Kopf, Halluzinationen, Visionen, Träume" (2008). Er kommt zum Ergebnis, dass tatsächlich Halluzinationen oft größere Macht über den Betroffenen haben können als die Realität. Gerade dadurch, dass Halluzinationen als völlig real erlebt werden können – einschließlich von Unterhaltungen und „echtem" physischen Kontakt. Solche Halluzinationen können durch Stress, Angst und jede herausragende Situationen hervorgerufen werden – wie eben dem Verlust einer emotional wichtigen Persönlichkeit. Halluzinierende Personen denken nachher, es habe sich um wirkliche Wahrnehmungen gehandelt, echte Erfahrungen also. Insofern könnten die Jünger Halluzinationen gehabt und diese anschließend als Erlebnisse erzählt haben.

Demgegenüber sind Visionen Erscheinungen, die vom Visionär als Erscheinungen erlebt werden. Diejenigen, die solche Erfahrungen gemacht haben, wissen, dass es Visionen waren. Allerdings ist den Visionären dabei auch klar, dass diese Visionen von außen kamen und etwas sehr Besonderes sind. Der erste bekannte Vorwurf, es habe sich um „subjektive Visionen" gehandelt, stammt von einem der ältesten Auferstehungskritiker überhaupt – David Friedrich Strauß (1835). Er nannte seine Deutung „subjektive Visionstheorie", weil die Visionen eben nicht objektiv von Gott eingegeben worden seien. Für Strauß liegt der historische Ursprung des Osterglaubens in Visionen der Jünger in Galiläa. Die Visionen des Osterglaubens ließen sich psychologisch durch den Konflikt zwischen Messias-Glauben und Kreuzigung erklären. Die Visionen wären durch den „frommen Enthusiasmus" in Belastungssituationen hervorgebracht worden. Strauß folgt ein aktueller Auferstehungs-Interpret, Gerd Lüdemann (1995). So schreibt er: „Die Auferstehung Jesu fand so, wie sie in den neutestamentlichen Evangelien beschrieben beziehungsweise vorausgesetzt wird, mit Sicherheit nicht statt. Die diesbezüglichen Texte vom leeren Grab stammten erst aus dem zweiten Stadium des Auferstehungsglaubens, als es darum gegangen sei, die Auferstehung Jesu von den Toten dingfest zu machen und den nachfragenden Juden auch aus den eigenen Reihen ein leeres Grab vorzuführen." Lüdemann versteht die Auferstehungsaussagen vor allem als Aussagen über das Sehen des Auferstandenen, als Visionen.

Manche Theologen – wie Anton Vögtle etwa – halten die Auferstehung für durchweg unglaubwürdig, das Sehen des Auferstandenen durch die Jünger aber für die wahrscheinlichste Erklärung. Hierbei handele es sich allerdings um objektive Visionen. Gott habe Jesus eben zu sich geholt und ihn seinen Nachfolgern durch Visionen als Auferstandenen erscheinen lassen. Erst in den jüngeren Ausschmückungen durch die Evangelien sei Jesus tatsächlich lebendig geworden. In den frühen Briefen würde vom leeren Grab und dem wirklich auferstandenen Jesus noch nichts stehen. So stünde in der ältesten erhaltenen Stelle zur Auferstehung (1. Thessalonicher 4) man solle an die Auferstehung glauben. Dort würde nicht von einer realen Auferstehung berichtet.

Autosuggestion bedeutet „Selbstbeeinflussung" – wodurch schon klar wird, dass hierbei der Wunsch Vater des Gedanken ist. Ein Mensch wünscht sich eine Sache, einen Menschen so sehr, dass er sich quasi selbst zwingt, diesen Wunsch als real zu erleben. Autosuggestion erreicht man durch ständiges Einüben und unbedingtes Wollen. Sie kommt nicht von jetzt auf gleich. Irgendwann wird der gewünschte Gedanke fester Bestandteil des Denkens. Es kann dabei auch zu Gruppenerfahrungen kommen. Wenn eben viele zusammen sind, die sich autosuggerieren, können gemeinsame Erlebnisse zustande kommen. Lüdemann geht bei den 500 in 1. Korinther 15 von einer Massen-Autosuggestion aus.

„Kognitive Dissonanz" nennt man in der Sozialpsychologie, wenn Menschen mit der Wirklichkeit nicht zurechtkommen und sich in eine Fantasiewelt flüchten. So soll es nach dem Zweiten Weltkrieg im besiegten Japan Menschen gegeben haben, die den Erfolg der USA über ihr Heimatland als feindliche Propaganda abgetan und weiterhin an ein unbesiegtes Japan geglaubt haben.

Die Muster der verschiedenen psychologischen Erfahrungen sind also alle ähnlich (bis auf die „objektive Visionstheorie"): Mal mehr, mal weniger gaukeln tieftraurigen Menschen die Sinne etwas vor. Allein die Tiefe und Ausprägung unterscheiden sich. Eines der bekanntesten Phänomene in diesem Kontext aus neuerer Zeit ist das so genannte Sonnenwunder bei Fátima in Portugal. Dort sahen zigtausend Menschen am 13. Oktober 1917, wie die Sonne tanzte. Durch einen angekündigten letzten Besuch Marias hatten sich die Menschenmassen dort versammelt und erlebten gemeinsam diese Vision. Interessant ist dabei, dass der „Sonnentanz" so nicht vorausgesagt worden war und dass auch Unbeteiligte in einiger Entfernung von den Ereignissen berichteten. Es gibt also anscheinend übernatürliche Erfahrungen von Menschenmassen.

Grundsätzlich klingt eine solche Erklärung für die Berichte der Jünger auf den ersten Blick durchaus realistisch. Sie hatten ihren Freund und Lehrer durch ein schreckliches und unerwartetes Ereignis grausam verloren. Mehr noch, alle Erwartungen wurden zunichte und das, was sie eingesetzt und aufgegeben hatten, war verloren. Zweifellos entwickeln Menschen oft die unterschiedlichsten psychischen Mechanismen, um mit dem Verlust geliebter Menschen fertig zu werden. Nicht selten findet sich die Vorstellung, der Verstorbene lebe irgendwie weiter. Gerade beim Gang zum Grab konnte dabei von den Frauen und Männern das innere Bild des Verstorbenen in einer Weise als lebendig erfahren worden sein, dass man die subjektive Überzeugung gewann, er sei lebendig.

Der Onkel von Christine hat es auf der Rückfahrt von der Beerdigung seines Onkels erlebt. Sie fuhren mit dem Auto und auf einmal sahen alle Insassen auf dem Fahrrad den Verstorbenen fahren. Und bei der Vorbereitung auf meine Israel-Reise stieß ich auf das so genannte Jerusalem-Syndrom. Medizinisch einwandfrei diagnostizierbar sind etwa 100 Besucher und Bewohner Jerusalems jedes Jahr betroffen. Diese entwickeln die Wahnvorstellung eine wichtige Person aus der Bibel zu sein. Warum sollen also nicht auch die Jünger von diesen Phänomenen erfasst worden sein?

Wie so oft im Leben lohnt auch hier ein zweiter Blick. Wenn man sich theologisch-religiös, medizinisch-psychologisch und historisch die Menschen sowie ihre folgenden Taten anschaut, zeigt sich eine andere Ansicht.

Alle genannten Phänomene setzen etwas voraus, was sich dann durch bedeutende Ereignisse oder Wünsche verstärkte. Die Jünger verloren den Meister, wünschten ihn sich wieder lebendig, also trat es auch ein. Klingt gut, ist aber unhistorisch gedacht. Denn aus der Zeit heraus gibt es theologisch-religiös zwei riesengroße Herausforderungen. So merkwürdig das für heutige Ohren klingt, aber die Juden zur Zeit Jesu waren theologisch denkende Menschen – und unsere Jünger ja sowieso, sonst wären sie kaum einem Lehrer gefolgt, dem Rabbi Jesus von Nazareth.

Für die Jünger war der Tod ihres Meisters und Freundes am Kreuz überhaupt keine Bagatelle. Eine Verurteilung durch die Römer stellte theologisch sicherlich kein größeres Problem dar, durch die jüdische Gerichtsbarkeit schon eher. Aber bei der Kreuzigung mussten sie unweigerlich an die Stelle in 5. Mose 21 denken. Dort heißt es: „Verflucht ist jeder, der am Holz hängt." Dass man sich dieser Formulierung nur zu bewusst war, zeigt ein Blick in die Apostelgeschichte. Dort wird ohne Notwendigkeit mehrfach die „Holz"-Formulierung für Kreuz verwendet. Außerdem gibt es eindeutige Textbelege aus der Zeit vor Jesu Geburt, dass die Juden das „Holz" aus 5. Mose als das römische Kreuz verstanden. Unterstrichen wurde dies noch dadurch, dass auch für die Römer das Kreuz die schlimmste und unehrenhafteste Todesstrafe war. Dies sah auch Seneca (gestorben 65) so – und folgt damit Cicero (1. Jahrhundert vor Christus): „Die alleinige Bezeichnung Kreuz sei von Leib und Leben des römischen Bürger verbannt." Deshalb durften auch nur Nichtrömer gekreuzigt werden.

Wie kann – aus der Perspektive der Jünger – ein von Gott Verfluchter der von Gott Gesandte, Gesalbte und Gesegnete sein? Die Berichte in den Evangelien zeigen es deutlich: Sie hatten nicht nur ihren Freund verloren – sondern auch ihren potentiellen Retter. Sie waren dementsprechend am Boden zerstört. Aus Sicht der Jünger war Jesus nicht nur als Mensch am Kreuz gescheitert, sondern auch an seinem Anspruch, der Retter der Welt zu sein, der Messias. Die ehemaligen Jünger Jesu konnten sich doch nicht über eine Aussage Gottes hinwegsetzen!

Hier muss ich einen Einschub machen. Für uns heute stellt es sicherlich kein größeres Problem dar, einfach über solch ein theologisches Detail hinwegzugehen. So wie Regierungen über Parteitagsbeschlüsse hinwegsehen, so scheint es uns im frühen 21. Jahrhundert, hätten die Jünger doch einfach diese Formulierung links liegen lassen können. Ich kann es aber nicht häufig genug sagen: Die ersten Christen und damit die Ausbreitung des christlichen Glaubens lassen sich nur auf der Grundlage dieser Zeit und des Judentums verstehen. Es besteht ein riesiger kultureller Graben zwischen dem vom griechischen und aufklärerischen Denken geprägten Mitteleuropäer jetzt und dem hebräisch denkenden Juden um das Jahr 30. Für den Juden damals war Religion alles, sie bestimmte sein Denken und Handeln. Eine festsitzende gottergebene Überzeugung konnte man nicht einfach wechseln wie seine Unterhose.

Interessanterweise erfolgte der Durchbruch der heute so beliebten Kreuzesdarstellung erst Jahrzehnte nach der letzten Kreuzigung Anfang des 4. Jahrhunderts. Die wichtigen Theologen und Kirchenvertreter der ersten hundert Jahre sollen die Kreuzesdarstellung sogar verboten haben. Und noch Justin hat im zweiten Jahrhundert in seinem „Dialog mit dem Juden Tryphon" aufgezeigt, dass der Tod von Jesus am Kreuz für die Juden entscheidend dagegen sprechen würde, dass er der Messias sei. Helfen kann uns vielleicht die Vorstellung, dass das Kreuz von damals dem Galgen, dem elektrischen Stuhl, der Gaskammer und der Guillotine heute entspricht.

Dazu kam, dass die Jünger gar nicht mit der Auferstehung rechneten. In den Evangelien wird zwar an einigen Stellen beschrieben, dass Jesus zu Lebzeiten von seiner Auferstehung gesprochen habe (Matthäus 16 und 17 beispielsweise) – aber immer mit der Bemerkung des Verfassers, die Hörer hätten es noch nicht verstanden. Letzteres ist sehr glaubhaft: Was immer die ersten Christen erwarteten, wollten, hofften und im Gebet erbaten: Das, was ihrer Aussage zufolge nach Ostern geschah, ist nicht mit diesen Dingen vergleichbar. Natürlich hätten die Jünger Jesu weiterhin daran glauben können, dass ihr Meister ein wichtiger Prophet war – aber eine Auferstehung zu konstruieren lag außerhalb ihres Horizontes. Die Auferstehung von den Toten am Ende der Zeiten war zwar eine weit verbreitete Vorstellung – aber nicht, wie sie bei Jesus geschah. Es gab im Judentum keine Vorstellung davon, dass einer als erstes selbstständig auferstehen würde. Das war neu. Auferstehungsmythen aus der griechisch-orientalischen Gedankenwelt (siehe später bei Mythen) spielten bei den Fischern vom See Genezareth sicherlich keine Rolle. N. T. Wright hat den Auferstehungs-Glauben in allen Facetten in seinem monumentalen Werk detailliert untersucht. Seine Schlussfolgerungen daraus sind erdrückend belegt: Die „christliche Mutation" innerhalb des jüdischen Auferstehungs-Glaubens schließe jede Möglichkeit aus, dass der Glaube spontan aus seinem jüdischen Kontext hervorgegangen sein könnte. In der Antike und im Judentum dieser Zeit war der Tod eine Einbahnstraße, niemand kam zurück. Schön kann man dies beispielsweise bei der Schwester von Lazarus erkennen. Als Jesus in Johannes 11 über Auferstehung redet, sagt Martha: „Ich weiß, Lazarus wird auferstehen – bei der Auferstehung am Jüngsten Tag." Als aber die Nachfolger von Jesus anfingen, von der Auferstehung überzeugt zu sein, da meinten sie eine echte und reale Auferstehung, eine Auferstehung ohne Wenn und Aber. So haben wir es eingangs ja schon gesehen.

Für Film-Fans

> Ich habe lange darüber nachgedacht, was für die Auferstehungs-Überraschung der Freunde von Jesus ein gutes Beispiel für unsere heutige Zeit sein könnte. Ein gutes ist mir nicht eingefallen, zu vieles wurde schon gedacht und gebracht. Also versuche ich es mal mit

einem computeranimierten Kinderfilm: Ratatouille (2007). Eine Ratte entwickelt außergewöhnliche Kochfähigkeiten und kann mit Menschen kommunizieren. Am Ende kocht sie für den größten Restaurant-Kritiker von Paris ein Geschmackserlebnis. Der Kritiker fragt den Kellner, wer das gekocht habe. Der zeigt ihm die Ratte. – Ein blöder Vergleich, Jesu Auferstehung mit einer kochenden Ratte zu vergleichen. Aber die Jünger müssen genauso überrascht gewesen sein wie der Kritiker: Menschen stehen nicht auf und kommen wieder/eine Ratte kann nicht kochen – und schon gar nicht so exzellent. (Ich bitte um Gnade für diesen Vergleich.)

Medizinisch-psychologisch ergeben sich durch den theologisch-religiösen Befund viele Fragezeichen. Wie kann eine seelische Kettenreaktion eingetreten sein, wenn es keinen Anlass durch starke Erwartungen dafür gab? Andere Schwierigkeiten kommen hinzu. Schauen wir uns an, wie die vier medizinischen Möglichkeiten zu den Fakten passen:

Halluzinationen sind privat, individuell und subjektiv. Sie brauchen zur Entfaltung entweder labile Persönlichkeiten oder Drogen. Die Jünger waren sehr unterschiedliche Charaktere. Die einen waren schwer arbeitende Handwerker, ein anderer ein ehemaliger knallharter Steuereintreiber – eher weniger Nährboden für Halluzinationen. Halluzinationen kommen kurz und gehen wieder, sie kommen nicht ständig wieder und bleiben länger.

Bei Visionen haben wir schon gesehen, dass sie den Empfangenden bewusst sind. Visionen werden in der Bibel aber als solche gekennzeichnet. Lukas schreibt in seiner Apostelgeschichte von ekstatischen Gesichten und Träumen (also Visionen). Er kennt also den Unterschied zwischen Wunsch und Wirklichkeit sowie deren Kategorien-Einordnung. In seinem Evangelium hätte er sicherlich auch Visionen als solche kenntlich gemacht. Ebenso wie Paulus, der in seinen

Briefen klar zwischen seinen Visionen von Gott und dem realen Erleben des auferstandenen Jesus vor Damaskus unterscheidet. Wie viele Visionen die Jünger auch gehabt hätten, sie hätten nicht von Auferstehung gesprochen. Der Begriff war reserviert für die Auferstehung am jüngsten Tag. Auch die Vision – oder was immer es war – von Fatima macht zwar deutlich, dass es Phänomene gibt, die unerklärlich bleiben. Für eine auf diese Art generierte Auferstehung hinterlässt so etwas aber mehr Fragen als Aussagen.

Autosuggestionen und kognitive Dissonanz setzen – wie auch Halluzinationen und Visionen – besagte Erwartungen voraus, die so nicht existierten. Dazu kommt, dass alle vier Versuche, Auferstehung auf diese Art zu erklären, hiermit nicht zusammenpassen: Nicht nur seine Anhänger zu Lebzeiten wurden von der Auferstehung überzeugt, auch viele Skeptiker folgten ihm kurz nach seinem Tod! Die beiden prominentesten früheren Jesus-Ablehner sind Jakobus und Paulus. Jakobus war ein Bruder von Jesus. Dass ein enges Familienmitglied nicht daran glaubt, dass sein Bruder etwas wirklich sehr besonderes – wie ein außerordentlicher Prophet – ist, kann ich gut nachvollziehen. Derjenige, mit dem man quasi im Sandkasten gespielt hat, soll der Sohn Gottes sein? Im Übrigen ging es nach den Evangelien dem ganzen Heimatstädtchen von Jesus so. Woraufhin Jesus den bekannten Spruch brachte, der Prophet gelte nichts im eigenen Land. Alles durchaus nachvollziehbar. Nun wird also dieser Jakobus auf einmal ein glühender Anhänger von Jesus – durch Halluzinationen/Visionen/Autosuggestion/kognitive Dissonanz? Ähnlich auch Paulus: Er wurde nach seinen Aktivitäten als jüdischer Intellektueller und Christenverfolger im ersten Sinne des Wortes vom Saulus zum Paulus und damit zum bedeutenden christlichen Missionar der Geschichte. Paulus war ein Karrieremensch. Warum sollte er, nur von der

Sonne geblendet und eine Stimme hörend, seinen sicheren Job bei den Juden aufgeben und in die Verfolgung gehen?

Reichen solche psychologischen Phänomene aus, um das Christentum zu erklären? Der jüdische Wissenschaftler Pinchas Lapide schreibt dazu (1977): In der jüdischen Literatur der Zeit vor Christus hätte es auch Autosuggestionen und Ähnliches gegeben – nur seien sie ohne Folgen geblieben. Sie wären weiter tradiert und ausgeschmückt worden, aber sie hätten sich nicht im Leben der Menschen ausgewirkt. Und schon gar nicht seien Menschen dadurch Missionare geworden und losgezogen, um eine Bewegung zu bilden. Lapide weiter: „Wenn die geschlagene und zermürbte Jüngerschar sich über Nacht in eine siegreiche Glaubensbewegung verwandeln konnte, lediglich auf Grund von Autosuggestion oder Selbstbetrug – ohne ein durchschlagendes Glaubenserlebnis –, so wäre das im Grunde ein weit größeres Wunder als die Auferstehung selbst."

Was zudem historisch mitgedacht werden muss, ist die Frage nach dem Leichnam von Jesus. Er hätte bereits wenige Wochen nach der Kreuzigung nicht mehr verfügbar gewesen sein dürfen. Solange die ersten Christen unter sich blieben, wäre ein toter Jesus im Grab und Autosuggestionen oder ähnliches noch möglich gewesen. Aber ab dem Moment, wo man in Jerusalem und anderswo in Israel anfing, vom Auferstandenen zu erzählen, wäre dies nicht mehr möglich gewesen. Ein gemeinsamer Gang zum Grab mit dem verwesenden Jesus darin wäre doch zu desillusionierend gewesen.

Jeder, der vor seiner Kreuzigung ein Anhänger Jesu war, wusste schließlich um die Hinrichtung – und ganz Jerusalem sowieso. Golgatha war genau deshalb prominent als Ort für die Vollstreckung der Todesstrafe von den Römern gewählt worden. Der römische Rhetor Quintilian schreibt im 1.

Jahrhundert: „Wenn wir die Schuldigen kreuzigen, werden die am meisten bevölkerten Straßen gewählt, wo möglichst viele Menschen hinschauen und von Furcht ergriffen werden." Die Kreuzigung diente als Abschreckung. In Johannes 19 wird dies aufgegriffen. Und in einer Kleinstadt wie Jerusalem mit zu dieser Zeit etwa 20.000 Einwohnern gab es selbst mit den Pilgerströmen wegen des Passahfestes nicht so viel sonstigen Gesprächsstoff. Und Jesus muss zu diesem Zeitpunkt ein bekannter Mann gewesen sein. Sonst wäre es gar nicht erst zur Verurteilung gekommen. Es musste also wirkliche Überzeugungsarbeit geleistet werden. Da außerdem Jesus zur Zeit des Passah-Festes getötet worden war, verbreitete sich auch in der jüdischen Diaspora sein Tod. Aus allen Ecken und Enden des römischen Reiches waren Juden für dieses Fest nach Jerusalem gekommen. Und jede christliche Missionstätigkeit fing immer in den örtlichen Judengemeinden an.

Für Fortgeschrittene

Anders herum hätte es natürlich sein können, dass die Auferstehungs-Erzählungen erst zu einem Zeitpunkt entstanden sind, als Jesus schon verwest nicht mehr als solcher im Grab erkennbar war. So zumindest sehen es einige Theologen. Wie sich ein Christentum mit Bergpredigt als Theologie – aber einem von Gott verfluchten Propheten – verbreitet hätte, bleibt das Geheimnis dieser Kritiker. Wir werden später noch sehen, dass für diese Ausbreitung keine Jahrzehnte zur Verfügung standen. Spätestens im Jahre 64 beim Brand von Rom – und damit etwa 30 Jahre nach der Kreuzigung – war das Christentum in der Welthauptstadt bereits angekommen, etabliert und breiten Bevölkerungsschichten bekannt.

Zurück zum Grab: Nun gibt es also die Möglichkeit, dass Jesus tatsächlich als Verbrecher in einem Massengrab verscharrt worden sein könnte. Allerdings existieren gute Gründe, der Darstellung aus den Evangelien zu glauben, Jesus sei tatsächlich in einem Privatgrab in der Nähe der Kreuzigungsstätte bestattet worden. Drei historische Details machen diese Aussagen vertrauenswürdig: Der einflussreiche jüdische Philosoph und Zeitgenosse Jesu, Philo von Alexandrien, schreibt in „Gegen Flaccus" davon, dass es durchaus üblich gewesen sei, Leichen vor Festtagen Familien zu übergeben. Nach jüdischem Recht war die Beerdigung vor Festtagen durch 5. Mose 21 sogar vorgeschrieben. Außerdem wurde im Jahr 1968 in Jerusalem ein Grab entdeckt, in dem ein um das Jahr 70 Gekreuzigter lag. Der Nagel steckte noch in der Ferse. Dies zeigt eindeutig, dass in Friedenszeiten Gekreuzigte durchaus bestattet werden durften.

Für Fortgeschrittene
Der Fund von 1968 ist übrigens der bisher einzige eines Gekreuzigten. Die Erklärung dafür ist einfach: Nägel waren teuer und wurden recycelt, also nach dem Tod wieder herausgezogen und verwendet. Da der Nagel in diesem Fall aber nicht mehr aus dem Knochen gezogen werden konnte, durfte er stecken bleiben.

Dazu ist es römisch-rechtlich nachvollziehbar, dass die Leiche zur Bestattung freigegeben wurde – immerhin berichtet Ulpian aus der Zeit um 200 von einer Vorschrift, die zwar deutlich nach der Kreuzigung datiert, aber sicherlich auf älteren Anweisungen beruht: Bei dem Leichnam eines Hingerichteten bedurfte es in Fällen der Majestätsverletzung einer richterlichen Erlaubnis zur Auslieferung. Somit gab es also selbst bei schwerwiegenden Hinrichtungsgründen die Möglichkeit der ordentlichen Bestattung im Grab.
Diese historischen Funde zeigen also, dass die biblischen Berichte darüber, dass Jesus in einem Grab beigesetzt worden

sei, tatsächlich wahr sein können. In diesen Darstellungen wurde auch davon berichtet, dass mindestens zwei Frauen mit Namen Maria bei der Grablegung dabei waren. Darüber wurde in den Evangelien (Markus 15, Matthäus 28 und Lukas 23) hingewiesen. Die Jesus-Nachfolger wussten also, wo das Grab war.

Kein Beweis, aber ein interessanter Gedanke ist die Überlieferung, wo Golgatha und Grab in Jerusalem lagen. Als Helena, die Mutter von Kaiser Konstantin, ins Heilige Land kam, ließ sie um 325 über Grab und Kreuzigungsstätte eine Kirche bauen. Es wird zwar gespottet, Helena sei die erfolgreichste Archäologin der Weltgeschichte gewesen – immerhin habe sie alles gefunden, was sie gesucht habe (die Gebeine der so genannten Heiligen Drei Könige beispielsweise ebenfalls). Im Falle von Golgatha scheint sie aber nicht nur einfach irgendeine Stelle passend gemacht, sondern auf eine Überlieferung zurückgegriffen zu haben, die sehr alt war. Auch aus heutiger archäologischer Sicht lag sie ziemlich nah dran – so zumindest die weit überwiegende Mehrheit der Experten. In Johannes 19 steht, dass das Grab vor der Stadt gelegen habe, also außerhalb der Mauer. Als Helena kam, lag besagtes Grundstück allerdings innerhalb der Stadtmauer – nämlich der 3. Mauer, aber eben außerhalb der 2. Mauer. Die 3. Mauer wurde erst ab dem Jahr 40 gebaut – und somit (kurz) nach der Kreuzigung, aber vor Belagerung und Zerstörung durch Rom. Zumindest also dieses Wissen musste sich überliefert haben. Da außerdem Kreuzigungs- und Auferstehungsplatz der wichtigste Erinnerungsort für die Christen waren – und dieser auch noch durch moderne israelische Forschung bestätigt wird – ist es nicht unwahrscheinlich, dass es tatsächlich ein Grab gab und diese Örtlichkeit über die Jahrhunderte bis zu Helena überliefert wurden. Ab 135 war die

Stelle noch nicht einmal schwer zu finden: Auf ihr stand ein römischer Tempel der Venus.

Wenn Jesus aber begraben wurde, hätte ihn jemand wegbringen (oder stehlen) müssen, hierzu im nächsten Kapitel mehr. Eine weitere Möglichkeit gibt es aber noch: Nach der Umbestattungs-Theorie habe Joseph von Arimathias Jesus nur provisorisch in dem nahen Grab bestattet. Nach Ablauf der Sabbat-Ruhe habe er ohne Kenntnis der anderen Jünger – und vor allem der Frauen – den Leichnam von Jesus an anderer Stelle beigesetzt. Diese rationalistische Erklärung kam ebenfalls bereits Ende des 18. Jahrhunderts auf – wobei schon Johannes 20 von Maria aus Magdala berichtet, die zu Petrus rennt und fragt, ob er denn wisse, wo man Jesus nach der Umbettung hingetan habe. Es bestünde tatsächlich die Möglichkeit, dass zwischen unserem Samstagabend nach Sonnenuntergang – also nach dem Sabbat – und dem Ostermorgen eine Umbettung stattfand. Aber warum sollte jemand nachts ohne Straßenbeleuchtung im Fackelschein ohne Not einen Toten wegbringen? Joseph hätte wissen müssen, dass Jesus wegen weiterer Begräbnisrituale vermisst würde. Warum hat er anschließend niemandem Bescheid gesagt? Diese Theorie wirft – vor allem aus jüdischer Perspektive aus der Zeit heraus – mehr Fragen auf, als sie beantwortet.

Bei subjektiven Erscheinungen muss ein Impuls von innen kommen, es wird etwas verstärkt, was schon da ist. Es wird behauptet, die Kraft des Glaubens hätte die Auferstehungserzählungen hervorgebracht. Wo aber nichts ist, kann auch nichts entstehen! Der faktische Atheist und renommierte Althistoriker Werner Dahlheim schreibt in „Die Welt zur Zeit Jesu" (2015), für die Nachfolger von Jesus „müssen es Wochen der Verzweiflung gewesen sein, erfüllt von Trauer, Angst und bar jeder Hoffnung. Angst vor

Verfolgung, Hoffnungslosigkeit angesichts des furchtbaren Endes jenes Mannes, der ihnen so Vieles versprochen hatte. Ihm zuliebe hatten sie ihr altes Leben beiseite geworfen, waren ihm gefolgt, hatten seinen Worten geglaubt und auf eine glückliche Zukunft gehofft. Geblieben waren ihnen nur bohrende Fragen: Warum hatte er sich nicht vor seinen Richtern verteidigt, warum war er nicht herab vom Kreuz gestiegen, wo waren die himmlischen Heerscharen, von Gott gesandt zu seiner Rettung?" Irgendetwas muss von außen neue Hoffnung gegeben haben. Der Turnaround musste durch einen äußeren Impuls kommen. „Welche Wirklichkeitsmächtigkeit war nötig, um die Jünger aus ihrer durch totale Desillusionierung hervorgerufenen Lethargie und Resignation herauszuholen" – fragt Heinzpeter Hempelmann (2011). Man muss dies verstehen, um ermessen zu können, was der Kreuzestod für die Jünger für weitreichende Konsequenzen hatte – und welche Folgen trotzdem daraus entstanden. Der Sinneswandel musste irgendwoher kommen. Es lag jenseits des theologischen, religiösen und (vermutlich auch) historischen Horizonts, sich durch innerliche psychologische Tricks wie Münchhausen am eigenen Schopf aus dem Sumpf zu ziehen.

Am Schluss noch einige Gedanken zur objektiven Visionstheorie. Für mich sieht es so aus, als ob hier so genannte aufgeklärte Theologen zumindest noch ein bisschen die Theo-Logie – als die Lehre von Gott – retten wollten. Einerseits halten sie die biblischen Berichte für unglaubwürdig, andererseits denken sie aber über von Gott geschenkte Visionen nach. Das ist doch weder Fisch noch Fleisch. Wenn ich tatsächlich Gott für jemanden halte, der diesen Titel und Namen verdient, und der auch in die Geschichte der Menschheit eingegriffen hat – und Jesus auf die Erde geschickt und dann durch Visionen seinen Nachfolgern hat erscheinen lassen, warum kann ich dann nicht gleich dazu übergehen, an das Original zu glauben? Schließlich hat die christliche Kirche mindestens vom Ende des 1. Jahrhunderts bis weit ins 17. Jahrhundert nur an die Auferstehung als echte und leibhaftige Auferstehung geglaubt und sie so verstanden. Es müssten schon sehr gute Gründe vorliegen, damit heutige Kirchenvertreter diese Position aufgeben sollten. Diese scheinen mir aber nicht vorzuliegen. In besagter Stelle im Thessalonicher-Brief und im wichtigsten Abschnitt in den frühen Schriften des Neuen Testamentes (1. Korinther 15) steht zwar tatsächlich nichts ausdrücklich vom leeren Grab und auch nicht ganz deutlich etwas von der realen Auferstehung an sich. Aber: Die gesamte Argumentation in diesen beiden Abschnitten funktioniert nur mit einer wirklichen Auferstehung, bei Visionen wäre diese sinnlos. Meine Erklärung lautet: Die Auferstehung war allen Empfängern der Briefe sowieso so fest klar, dass darüber nichts geschrieben werden musste. Die Auferstehung war die wichtigste Botschaft bei den ersten Christen. Paulus schreibt überhaupt nur von ihr, weil er mit der Auferstehung des ersten wirklich auferstandenen Menschen deutlich machen will, dass auch alle anderen Christen auferstehen werden. Das „glauben" im 1. Thessalonicher-Brief bezieht sich deshalb darauf, dass nur wer diesen Glauben teilt, ebenfalls auferstehen wird. (Glauben dabei nicht nur als „für wahr halten" verstanden, sondern auch in der Zusammenschau mit „vertrauen"). Die Auferstehung muss nicht in dem Sinne geglaubt werden, weil es keine Beweise geben würde beziehungsweise weil sie sowieso nicht richtig stattgefunden habe. Außerdem – wie ich schon zeigte – bleiben sprachlich wenige Möglichkeiten, dass „Auferstehung" nicht anders als „Auferstehung" zu verstehen sein kann. Visionen fallen nicht darunter…

73

Die objektive Visionstheorie erklärt vielleicht, warum die ehemaligen Jünger loszogen und missionierten. Sie sagt aber wenig darüber aus, wie der Erfolg zustande kam. Was sollte für andere Juden – von Römern und Griechen ganz zu schweigen – daran spannend sein? Die Botschaft wäre dann immer noch gewesen: Ein gekreuzigter jüdischer Lehrer ist als Vision erschienen. Nicht gerade eine Nachricht, auf die die Menschheit gewartet hätte. Dann bliebe dazu immer noch die Frage nach dem Grab, welches hätte besucht werden können – und viele andere, die hier schon diskutiert wurden oder noch werden. Ringleben weist zu Recht darauf hin, dass die „objektive Vision" als Theorie eher merkwürdig sei. Entweder Gott handelt – warum soll er es dann nicht gleich richtig gemacht habe? – oder er lässt es bleiben.

4. Jünger betrogen Um- und Nachwelt

Wenn die Jünger nicht – durch Trugbilder – betrogen wurden, können sie doch selbst betrogen haben. Nach dieser Komplott-These haben sich die Jünger nach Jesu Tod zusammen gesetzt und gemeinsam beschlossen, diese Geschichte von der Auferstehung zu erzählen.

Kein geringerer als Hermann Samuel Reimarus selbst brachte die Komplott-These ins Spiel. Er war der erste, der die Auferstehung als solche öffentlich in Zweifel zog. Das nachösterliche Christentum erklärt Reimarus als Betrug der Apostel: Sie hätten aus dem gescheiterten weltlichen Propheten einen himmlischen Erlöser gemacht, dazu seinen Leichnam gestohlen und nach dessen Verwesung begonnen seine Auferstehung und baldige Wiederkunft zu verkünden. Aus den Anhängern dieses Aberglaubens sei die Kirche entstanden. Erst nach seinem Tod veröffentlicht Gotthold Ephraim Lessing in den 1770er Jahren sieben Fragmente von

Reimarus. Darunter auch das 7. Fragment „Von dem Zwecke Jesu und seiner Jünger". Auch Johann Wolfgang von Goethe schreibt in einem seiner Epigramme (1790): „Offen steht das Grab! Welch herrlich Wunder! Der Herr ist auferstanden! - Wer's glaubt! Schelmen, ihr trugt ihn ja weg."
Hintergrund der These ist die Begründung, die Jünger Jesu hätten ein messianisches Reich in weltlich-politischem Sinn erhofft. Die Hinrichtung von Jesus habe sie dieser Hoffnung beraubt. Um eben trotzdem an der Aussicht auf weltliche Hoheit und Vorteil festhalten zu können, hätten sie Jesus nun als für die Sünden der Menschen leidenden Erlöser interpretiert. Durch den Diebstahl des Leichnams sei die Voraussetzung geschaffen worden, seine Auferstehung zu verkündigen. Die Betrugs-/Komplott-Theorie leitete übrigens die historisch-kritische Debatte über den Osterglauben ein.
Für diese Debatte spricht, dass sie eine der ältesten überhaupt ist – sie kommt bereits in Matthäus 28 vor. Offensichtlich kam also bereits zu Lebzeiten der Jünger der Verdacht auf, beziehungsweise wurde behauptet, die Jünger hätten den toten Jesus gestohlen, um anschließend seine Auferstehung erzählen zu können. Die Stelle bei Matthäus wäre somit eine Art bewusste Darstellung, um vom eigenen Tun abzulenken.
Es sind vor allem fünf bedenkenswerte Argumente, die gegen diese These sprechen: Die Jünger, die ersten weiteren Christen, der christliche Glaube und die Auferstehung als Erzählung – sowie selbstverständlich die Ausbreitung des Christentums selbst.
Der Philosoph, Mathematiker und Christ Blaise Pascal schreibt im 17. Jahrhundert in seinen „Gedanken": „Die Hypothese von den betrügerischen Aposteln ist recht absurd. Man denke sie einmal bis zum Ende durch: Man stelle sich diese zwölf Männer vor, wie sie sich nach dem Tode Jesu Christi versammelten, und den Anschlag aushecken, zu behaupten,

er sei auferstanden. Sie greifen damit die öffentlichen Gewalten an. Das Herz der Menschen hat eine seltsame Neigung zur Leichtigkeit, zur Veränderung, zu Versprechungen, zum Besitz. Wenn nur einer von ihnen durch diese Lockungen zum Lügner geworden wäre, und – was mehr ist – durch die Gefängnisse, durch die Martern, durch den Tod, dann wären sie verloren gewesen. Man denke das einmal bis zum Ende durch."

Pascal weist zu Recht darauf hin, dass die Jünger nach ihrem persönlichen Desaster mit diesem Jesus von Nazareth sich zuerst kaltschnäuzig einen Plan ausgeheckt hätten, um ihr Lebenswerk doch noch zu retten. Und dann hätten sie dies noch über Jahrzehnte durchgehalten – wobei sie selbst unter der Folter und im Angesicht des Todes noch bei ihrem Betrug geblieben wären. Immerhin sind in der Überlieferung elf von diesen zwölf (und viele weitere erste Christen) Jüngern hingerichtet worden und keines natürlichen Todes gestorben. So wurde der Bruder von Jesus, Jakobus, der Leiter der Jerusalemer Kirchengemeinde, nach einem Bericht von Flavius Josephus in den Jüdischen Altertümern gesteinigt.

Nun kommt es tatsächlich gelegentlich vor, dass man so lange etwas als unumstößliche Wahrheit erzählt, dass man am Ende tatsächlich selbst unter der Folter noch daran glaubt. Dazu hatte ich bereits bei der letzten Theorie etwas geschrieben. Wie wahrscheinlich ist es aber, dass die verängstigte und desillusionierte Schar von hauptsächlich Fischern und Handwerkern so etwas macht? In den biblischen Berichten kommen die großen Gestalten schlecht weg. Petrus hatte nach der Kreuzigung Zweifel und Johannes ging wieder seinen Alltagsgeschäften nach. Wenn wirklich die ganze Auferstehungs-Geschichte erfunden worden wäre, würden die Darstellungen in den Evangelien sicherlich deutlich heldenhafter aussehen. Außerdem werden wir noch sehen, wie der Akt der Auferstehung aussehen kann, wenn man etwas über ihn erfindet. Es gibt aber keine Beschreibung der Auferstehung als solche – weil niemand dabei war. Die Berichte kommen bescheiden und demütig daher. Frauen – dazu ebenfalls später mehr – sind die ersten am Grab. Sie denken bei Jesus zuerst an den Gärtner (Johannes 20). In Lukas 24 kommt den ehemaligen Jüngern der Bericht vom leeren Grab wie leeres Gerede vor und Petrus ist voller Verwunderung. Sehen so Berichte aus, die man erfunden hat, um eine Religion zu gründen? Auch der Charakter der Jünger und ihre (eher spärliche) Ausbildung sprechen gegen ein Komplott. Sie waren eben hauptsächlich Handwerker und keine Juristen, Politiker oder Marketing-Spezialisten.

Was ist außerdem mit Paulus und anderen – wie Jakobus, dem Bruder von Jesus –, die erst später dazu gestoßen sind und trotzdem behaupteten, Jesus begegnet zu sein? Wie hätten sich Jesus-Ablehner wie Paulus und Jakobus sonst überzeugen lassen sollen? Und eines erscheint aus menschlicher Sicht klar: Ohne den argumentativ und organisatorisch sehr starken Missionar Paulus von Tarsus hätte es das Christentum so schnell sicherlich nicht an die Spitze der Religionen geschafft. Aber warum sollte ein jüdischer wichtiger Intellektueller und Charakterkopf wie Paulus wegen ein paar – aus seiner Sicht – unter seiner Würde stehenden Handwerkern und deren Lügen Christ werden? Oder warum sollte Jakobus, der Bruder von Jesus, auf einmal den ehemaligen Anhängern seines Bruders Glauben schenken?

Ich hatte bereits auf die großangelegte Arbeit von N. T. Wright hingewiesen. Wright hat glasklar nachgewiesen, dass die Auferstehung außerhalb des Horizonts der Jünger war. Wenn sie hätten weitermachen wollen und können, hätten sie sich sicherlich eine andere Geschichte ausgedacht. Und wenn schon Auferstehung, dann doch eher so, wie sie es aus ihrer

Bibel – unserem heutigen Alten Testament – her kannten: So wurde der Prophet Elia von Gott weggenommen (allerdings ohne vorher zu sterben). Wenn sie tatsächlich die Marktchancen für ihre neue jüdische Sekte/Religion ausgelotet hätten, wären sie bestimmt bei anderen Geschichten herausgekommen. Vor allem auch, weil sie mit ihrer Form der Auferstehungs-Erzählung eher Schwierigkeiten als Positiv-Punkte erzeugten. Der Bericht über Paulus in Athen aus Apostelgeschichte 17 erscheint sehr glaubwürdig darin, dass die Zuhörer sich bei den Worten von Paulus besonders nach dessen Auferstehungs-Passage eher ab- als zuwandten. Mit der Auferstehung von Jesus in seiner leiblichen Variante taten sich die christlichen Missionare jedenfalls keinen Gefallen. Was sicherlich eher dafür spricht, dass man spätestens nach spärlichen Erfolgen die Erzählung entweder eingestellt oder abgewandelt hätte.

Jetzt sind wir beim letzten Argument gegen die Betrugs-Theorie: der Ausbreitung des Christentums. Wie um alles in der Welt hätte sich eine solch abstruse Darstellung durchsetzen sollen? Eine leibhaftige Auferstehung lag außerhalb des Denkhorizonts von Juden, Griechen und Römern. Die Vorstellung, dass ein einzelner Mensch von den Toten aufersteht, war für die Juden ebenso unmöglich wie für Griechen und Römer. Auf die Aussage, dieser und jener sei von den Toten auferstanden, konnte die Reaktion in der Antike nur ein mitleidiges Kopfschütteln sein. Es kam nicht vor und war nicht vorgesehen.

Wenn die betrügenden Nachfolger von Jesus die Auferstehung erfunden hätten, wäre dies die größte Lügengeschichte der Menschheit und somit deutlich erfolgreicher als die wichtigsten Werke der Weltliteratur von William Shakespeare, Dante Alighieri, John Ronald Reuel Tolkien und Joanne K. Rowling zusammen.

Dass die Jünger Jesu Auferstehung in Jerusalem ungestört verkünden konnten, im Angesicht ihrer größten Gegner und Verfolger, spricht nicht gerade für ein Komplott. „Lügen haben kurze Beine" sagt der Volksmund. Vermutlich wäre man mit dieser Geschichte nicht einmal ein paar Jahre weit gekommen – wenn überhaupt.

5. Jünger entwickelten den Mythos vom Auferstandenen

Die Theorien 1 bis 4 offenbaren ein Dilemma: Besagter Blaise Pascal schreibt in seinen „Gedanken" (1669), die Apostel seien entweder betrogen worden (Theorien 1 bis 3), oder sie seien Betrüger (Theorie 4). Beides sei schwer zu glauben. Dies sieht die Mehrheit der Auferstehungs-Interpreten heute ebenso. Deshalb hat sich eine wirkmächtige andere Theorie herausgebildet, die der Mythen-Bildung. Sprich: Nachdem Jesus gestorben und begraben und verwest war (beziehungsweise am verwesen), bildete sich nach und nach die Legende heraus, Jesus sei gar nicht tot, sondern auferstanden.

Der bekannteste Verfechter dieser Denkrichtung ist der Theologe Rudolf Bultmann. Er steht für einen Theorie-Ansatz, den er selbst als Entmythologisierung des Neuen Testamentes bezeichnet. Er wollte das Neue Testament von den Mythen befreien und auf den echten Jesus zurückführen. Bei der Auferstehung bestand seine Entmythologisierung eben nach seinem Verständnis darin, die Auferstehung als Mythos zu enttarnen. In „Theologie des Neuen Testaments" (1948) schreibt Bultmann: „Wie der Osterglaube bei den einzelnen Jüngern entstand, ist in der Überlieferung durch die Legende verdunkelt worden und ist sachlich von keiner Bedeutung."

Die Argumentation ist auch hier schnell – und in diesem Fall zugegebenermaßen etwas salopp – erklärt: Die Jünger waren traurig über den Tod ihres Meisters und über die Jahre bildete sich eben die Legende, der Mythos heraus, Jesus sei gar nicht tot, er sei auferstanden. Flankiert wird dies durch die antiken Mythen vom gestorbenen und auferstandenen Gott. So hätten die ehemaligen Jünger – bewusst oder unbewusst – an diese mystisch Auferstandenen gedacht und auf ihren Gott Jesus übertragen.

Auf den ersten Blick wirkt auch hier die Erklärung sehr ansprechend. In der Tat gibt es viele Beispiele von Auferstandenen in der Antike: Die griechische Persephone, den phrygischen Attis, den phönizische Adonis und der ägyptische Osiris, letzterer soll sogar auch am dritten Tag auferstanden sein.

Trotzdem gibt es eine ganze Reihe von Argumenten, die teilweise sogar sehr deutlich gegen den Mythos-Gedanken sprechen. Bleiben wir bei den antiken Vorbildern. Einige halten es für unwahrscheinlich, dass den ersten Christen diese auferstandenen Götter überhaupt bekannt waren. Da aber ja einer ausreicht, der diese Mythen kannte, hätte es schon sein können. Zumindest der ehemalige Zollbeamte Roms Matthäus hätte sie ins Spiel bringen können. Allerdings steht dem entgegen, dass hier wieder die Transferleistung hätte geleistet werden müssen. Wir sahen dies schon bei der Frage nach den Halluzinationen. Eine körperliche Auferstehung eines einzelnen war vollkommen neu. Die jüdischen Jünger hätten also tatsächlich aus einer rein gedanklichen Auferstehung eine leibliche machen müssen. Ein bekannter Mythos gebiert einen Mythos, der erfolgreich als wahr verkauft wird? Wie stehen in diesem Zusammenhang die Fragen aus dem vorletzten Kapitel, in dem deutlich gemacht wurde, wie theologisch abwegig für die Jünger die Auferstehung sein musste? Es ist sehr unwahrscheinlich, dass die Herleitung des christlichen

Glaubens an die Auferstehung von den altorientalischen Mythen der sterbenden und auferstehenden Götter stammt.

Damit ein Mythos entstehen kann, braucht er Zeit oder abgelegene Orte – zumindest wenn er einen realen Kern besitzt (wie den Tod von Jesus). Aber weder steht genügend Zeit zur Verfügung, noch wurden die Mythen an weit entfernten Orten weitergegeben. Die ersten schriftlichen Zeugnisse über den auferstandenen Jesus haben wir zwanzig Jahre nach dem Tod von Jesus. Nach übereinstimmender Expertenmeinung wurde 1. Korinther 54 oder 55 von Paulus geschrieben. Dort gibt es das 15. Kapitel mit 58 Versen, in dem es nur um die Auferstehung geht. Selbst wenn man die Kritik ernst nimmt, Paulus würde darin nicht von einem leeren Grab sprechen, so heißt es dort doch: „Ich habe euch das weitergegeben, was am wichtigsten ist und was auch mir selbst überliefert wurde – dass Christus für unsere Sünden starb, genau wie es in der Schrift steht. Er wurde begraben und ist am dritten Tag von den Toten auferstanden, wie es in der Schrift steht." Da außerdem die meisten Fachleute davon ausgehen, dass die Formulierung „was auch mir selbst überliefert wurde" darauf hinweist, dass die Auferstehungs-Formulierungen bereits deutlich älter sind als aus den 50er Jahren des ersten Jahrhunderts, bleiben nur ganz wenige Jahre.

Aber selbst wenn man den Paulus-Brief nicht für echt hält oder deutlich später datiert, so bleibt doch die Frage, was denn bitteschön Paulus und die anderen christlichen Missionare bei ihren christlichen Aktivitäten erzählt haben sollen. Nach Predigt-Beispielen in der Apostelgeschichte (wie in Kapitel 17) war es eben die Auferstehung. Dazu nachher noch mehr.

Jedenfalls ist eines vollkommen unstritig in der wissenschaftlichen Welt: Spätestens beim Brand von Rom im Jahre 64 war die christliche Bewegung bereits in Rom so stark, dass sie vom Kaiser selbst ernst genommen wurde und als Sündenbock dienen konnte. Es gibt sogar eine Stelle beim römischen Schriftsteller Sueton im „Leben des Claudius" (nach 120), die darauf hindeutet, dass schon im Jahr 49 die Christen in Rom solche Aufmerksamkeit erzeugten, dass der Kaiser aktiv wurde: Dort schreibt Sueton über Kaiser Claudius, der „die Juden aus Rom vertrieb, weil sie, von Chrestos aufgehetzt, fortwährend Unruhe stiften". Viele Forscher sehen in diesem „Chrestos" Jesus Christus. Keine zwanzig Jahre nach dem Tod von Jesus – wenn man, was durchaus auch nicht unwahrscheinlich ist, diesen sogar auf das Jahr 33 oder 34 datiert, waren es nur 15 Jahre – war das Christentum in der Millionenstadt Rom schon eine solche Kraft, dass es bereits keine kleine jüdische Sekte mehr war. Der Mythos hätte also noch zu Lebzeiten von ganz vielen unabhängigen Zeitzeugen entstehen müssen. Wie man es dreht und wendet: Für die Entstehung des Christentums aufgrund eines Mythos „Auferstehung" fehlt viel Zeit.

Aus keinem der römischen, griechischen oder ägyptischen Mythen wurde eine nennenswerte Bewegung. Fast jeder wusste: Dieser „auferstandene" Gott konnte nicht wirklich helfen und verdiente keinen Feuereifer oder den Märtyrertod. Also, warum sollte ausgerechnet ein Auferstehungs-Mythos aus dem Judentum mehr Erfolg haben als einer aus den damaligen Weltreligionen?

Die Menschen vor 2000 Jahren wussten, was Fakt und Fiktion war. Auch im Neuen Testament vermitteln die Schreiber den Eindruck, als ob sie zwischen Mythos und realen Ereignissen unterscheiden konnten. Unser Wort „Mythos" kommt ja aus der Sprache des Neuen Testaments, dem Griechischen. „Mythois" kommt fünf Mal im Neuen Testament vor. Am eindrücklichsten weist die Stelle in 2. Petrus 1 darauf hin, dass die Geschichten von Jesus keine Mythen sind: „Denn wir sind nicht irgendwelchen klug ausgedachten Fabeln [griechisch: „Mythois"!] gefolgt, als wir euch die machtvolle Ankunft Jesu Christi, unseres Herrn, verkündeten, sondern wir waren Augenzeugen seiner Macht und Größe." Auch Paulus benutzt das Wort „Mythois" gerne, um den Unterschied zwischen Wunsch und Wirklichkeit darzustellen.

Dies wird auch dadurch unterstrichen, dass Mythen einfach anders klingen als die Beschreibungen bei den Evangelisten. Der Oxforder Literaturprofessor C. S. Lewis schreibt in „Gott auf der Anklagebank" (1947), dass er als Experte die Evangelien nicht als Mythen ansehen könne. Sie seien nicht kunstvoll genug. Keiner der Evangelisten tappe in die Falle, Ereignisse ausschmücken zu wollen, die er nicht wissen konnte. So würde nirgends in den Evangelien berichtet, wie Jesus auferstanden sei. Wie hätten die Jünger es auch wissen sollen? Ganz ähnlich sieht es der französische Sprachwissenschaftler René Girard in „Ich sah den Satan vom Himmel fallen wie einen Blitz. Eine kritische Apologie des Christentums" (2008). Die Evangelien seien transparenter als Mythen und würden selbst Transparenz verbreiten. Außerdem würden die Evangelien ganz anderen Mustern folgen als Mythen.

Auch wenn natürlich für unsere Ohren heute manches merkwürdig klingt, was in den Evangelien steht, so sind sie doch sehr sachlich geschrieben. Es geht ja bei Lukas bereits mit der typischen antiken Datierung los: Als Augustus römischer Kaiser, Quirinius Statthalter von Syrien, Herodes König von Juda war. Das klingt einfach nicht nach „es war einmal in einem fernen Land, als ein König seine wunderschöne Tochter...". Johannes wendet sich in seinem Evangelium im 21. Kapitel sogar selbst gegen Gerüchte: „Da kam unter den Brüdern die Rede auf: Dieser Jünger stirbt nicht. Aber Jesus hatte nicht zu ihm gesagt: Er stirbt nicht, sondern: Wenn ich will, dass er bleibt, bis ich komme, was geht es dich an?" Und Lukas 24 nutzt das unterstreichende Wort „Der Herr ist wirklich auferstanden." Das griechische Wort „ontos" für „wirklich" wird im Neuen Testament dabei nur so benutzt, wie wir es heute auch verstehen: Wirklich bedeutet eben echt, tatsächlich, in Wahrheit an der Auferstehung ist nicht zu rütteln – so wollte der Verfasser des Lukas-Evangeliums es unzweideutig verstanden wissen. Daran gibt es – so sieht es der Theologe Joachim Ringleben ebenfalls – nichts zu deuten. Auch der Mythos-Verfechter Rudolf Bultmann musste eingestehen, dass die Texte in der Auferstehung ein historisches Ereignis sehen und dieses genau so vermitteln wollen.

Für Fortgeschrittene

Der Einwand, die Evangelien hätten nur aufgezeichnet, was viel später Stand der Erzählungen war – und diese auf die erste Zeit nach der Kreuzigung datiert –, funktioniert nur unter ganz bestimmten Bedingungen. Zum einen gibt es angeregte Diskussionen darüber, wann die einzelnen Evangelien überhaupt aufgeschrieben wurden. Zum anderen stellt sich insgesamt wieder die Frage: Wenn Wunsch und Wirklichkeit weit auseinanderliegen, womit zogen die ersten Christen dann los und missionierten erfolgreich das römische Reich?

Die ersten Auferstehungs-Zeugen waren nach den biblischen Berichten dazu vollkommen unbekannte Gestalten. Bei einer Legendenbildung hätte man sich doch bekannter Apostel bedient. Dazu im nächsten Kapitel noch mehr. Gegen aufgeschriebene Mythen spricht auch, welch einen überraschten Eindruck Petrus & Co. in den Evangelien machten.

Ganz anders geht hingegen das so genannte Petrus-Evangelium heran. Es gibt – wie eigentlich immer – verschiedene Datierungsversuche. Vermutlich ist es aber erst hundert Jahre nach dem Tod von Jesus entstanden. Der Verfasser lieh sich dabei den Namen von Petrus, um sich dessen Ansehen zu borgen. Dort wird die Auferstehung wie folgt beschrieben:

„In der Nacht aber, in welcher der Herrntag aufleuchtete, als die Soldaten, jede Ablösung zu zweit, Wache standen, erscholl eine laute Stimme im Himmel, und sie sahen die Himmel geöffnet und zwei Männer in einem großen Lichtglanz von dort herniedersteigen und sich dem Grabe nähern. Jener Stein, der vor den Eingang des Grabes gelegt war, geriet von selbst ins Rollen und wich zur Seite, und das Grab öffnete sich, und beide Jünglinge traten ein.

Als nun jene Soldaten dies sahen, weckten sie den Hauptmann und die Ältesten - auch diese waren nämlich bei der Wache zugegen. Und während sie erzählten, was sie gesehen hatten, sehen sie wiederum drei Männer aus dem Grabe herauskommen und die zwei den einen stützen und ein Kreuz ihnen folgen. Und auf einmal reichten die beiden äußeren Männer mit ihrem Haupt bis zum Himmel, doch der, den sie in ihrer Mitte führten, überragte den Himmel. Eine Stimme vom Himmel fragte: „Hast Du den Toten gepredigt?" Und vom Kreuz her kam die gehorsame Antwort: „Ja, das habe ich getan."

So klingt eben ein Mythos: Jesus wird überhöht, reicht bis weit über den Himmel, es gibt ein Kreuz, welches gar nicht mit beerdigt wurde (der Längsbalken blieb sowieso immer zur Wiedernutzung stehen), es ist aber auf einmal dabei und es findet ein Dialog zwischen Gott und Jesus statt, der vollkommen unsinnig ist. Dabei wurde aber geschickt Bezug zu einer Stelle aus den Petrus-Briefen genommen.

Literatur-Tipp

Interessant ist übrigens die Interpretation des Aktes der Auferstehung aus Sicht des 20. Jahrhunderts bei der christlichen Roman-Schreiberin Dorothy L. Sayers in dem Theaterstück „Zum König geboren" (1964).

Es wird häufig kritisiert, wie merkwürdig und für unsere heutigen Ohren komisch klingend doch die Beschreibung in der Bibel des auferstandenen Jesus sei: Einerseits war er fest und normal, man konnte ihn anfassen. Andererseits konnte er durch Türen gehen und einfach verschwinden und woanders wieder auftauchen. Also war er weder reiner Geist noch normaler Mensch. Natürlich klingt das total merkwürdig. Andererseits staunen die Naturwissenschaftler immer noch über ein Phänomen, was eigentlich so nicht existieren dürfte: Licht! Licht ist wahrlich das Normalste auf der Welt – aber eben auch sehr verwunderlich. Der Physiker und Nobelpreisträger Albert Einstein erkannte die Doppelnatur von Licht. Es ist sowohl Welle als auch Teilchen. Beides schließt sich aus. Mit anderen Worten: Es gibt auch in der Natur Dinge, die unerklärlich sind – und Einstein staunte sein ganzes Leben lang darüber, wie wunderbar Licht doch ist. Deshalb halte ich die Beschreibungen nicht für typische Mythos-Texte. Man spürt auch in den Darstellungen, wie die Schreiber selbst erstaunt sind von dem, wie sie Jesus schildern.

Insgesamt kann also die Mythen-Theorie wenig überzeugen. Die Berichte klingen nicht nach solchen, es fehlt die Zeit, und die Entstehung der Mythen hätte am selben Ort stattfinden müssen, wo viele andere Zeugen der Ereignisse noch lebten und verwundert Gegenargumente hätten bringen können.

6. Jesus wurde auferweckt

Alle fünf Versionen sind möglich, manche dabei sicherlich wahrscheinlicher als andere. Es könnte natürlich auch so gewesen sein, dass eine Kombination aus den Theorien 2 bis 5 zum Glauben der Jünger geführt habe. Beispielsweise – ich versuche kreativ zu denken: Jesus hat bei der Einbalsamierung bei den Trauernden den Eindruck erweckt, noch einmal gezuckt zu haben. Dann wurde Jesus, weil alles schnell-schnell gehen musste, tatsächlich ins falsche Grab gelegt (oder umgebettet, was keiner mitbekam). Danach hatten die Jünger Autosuggestionen, weil sie sich Jesus so stark herbeiwünschten – auch hervorgerufen durch die Einbalsamierer, die sich wieder daran erinnerten, dass Jesus ja lebendig gewirkt hatte (wobei in ihrer Erinnerung das Zucken von nach der Kreuzigung auf den Sonntag „verlegt" wurde). Dann sei der antike Auferstehungsmythos mit ihrem jüdischen Glauben verschwommen und heraus sei bereits nach kurzer Zeit der Auferstehungsglaube geworden.

Naja, klingt irgendwie auch wenig glaubhaft. Wie man es auch dreht und wendet – man landet immer wieder bei der Frage, ob aus solch vielen Zufälligkeiten – die obendrein auch nicht im Ansatz durch die antike Überlieferung gedeckt werden – das Christentum in seiner historisch vorliegenden Form hätte herauskommen können.

Trotzdem kann man manches Argument anders gewichten als ich und dadurch zum Ergebnis kommen, dass – beispielsweise eine der anderen Theorien – doch zutrifft. Wenn man unbedingt Gott ausschließen muss (weil man Atheist ist), bleibt einem auch kaum etwas anderes übrig.

Ich halte aber die eben dargestellten Theorien für wenig wahrscheinlich bis komplett unglaubwürdig. Arthur Conan Doyle lässt seinen Detektiv Sherlock Holmes einmal sagen: „Wenn Du das Unmögliche ausgeschlossen hast, dann muss das, was übrig bleibt, die Wahrheit sein, wie unwahrscheinlich sie auch ist." Die ersten fünf Theorien erklären aus meiner Perspektive unmöglich die Entstehung des Christentums. Wie wäre es also mit der sechsten Theorie? Diese weiteren Argumente möchte ich als Bestätigung anführen, warum ich an die Auferstehungstheorie glaube:

Für Historiker gilt der Grundsatz, dass zuerst einmal der ältesten Quelle der Vorzug zu geben ist. Natürlich kann sich bei weiteren Untersuchungen nachher herausstellen, dass jüngere doch näher an der Wahrheit sind – wobei auch die Frage ist, wie viel Zeit zwischen den Quellen liegen. Ein Sprichwort besagt dazu, ein Fluss sei an der Quelle am saubersten. Es hat also durchaus seine Berechtigung, die biblischen Berichte einfach einmal so zu lesen, wie sie dastehen und auf sich wirken zu lassen. Die Auferstehung ist nämlich definitiv mit weitem Abstand die älteste Form der Kommunikation von dem, was die Anhänger von Jesus angetrieben hat, die Menschen zu erreichen und damit die Welt zu verändern. Natürlich kann es sein, dass die Christen in späteren Jahren alles vernichtet haben, was gegen ihre Auffassung verstieß. Aber die uns vorliegenden Belege aus dem ersten Jahrhundert – die eben auch deshalb noch heute existieren, weil sie in späteren Zeiten zum Neuen Testament zusammengefügt und damit heilige Texte wurden – sind eindrücklich. Bei so unterschiedlichen Verfassern und Darstellungen wie den vier Evangelien (mit Ausnahme von Markus, bei dem der Auferstehungs-Schluss wohl erst später angefügt wurde), der Apostelgeschichte, dem Römerbrief, den beiden Briefen an die Korinther, den Briefen an die Galater und Epheser sowie dem zweiten Timotheus-Brief und ersten Petrus-Brief spielt die Auferstehung in unterschiedlicher Stärke und Intensität eine Rolle. 17 der 27 Schriften im Neuen Testament erwähnen Jesu Auferstehung, fast alle übrigen setzen sie voraus. Dabei kommt nach über 700 Seiten detaillierter Betrachtung N. T. Wright zum Schluss, dass das frühe Christentum durch und durch eine „Auferstehungsbewegung" gewesen sei.

Für Fortgeschrittene

Man kann sich wundern, warum nur 17 von 27 Schriften über die Auferstehung berichten, wenn diese doch solch ein zentraler – wenn nicht sogar ja der bedeutendste – Bestandteil der christlichen Lehre ist/sein soll. Dies wird dadurch verständlich wenn man sich vor Augen hält, um was für Schriften es sich bei denen handelt, in denen die Auferstehung nicht thematisiert wird: Briefe. Die Briefe wurden nicht als Katechismus verfasst, der Schreiber wollte eben keine Einführung in die christliche Lehre verschicken. Spezielle Fragestellungen waren die Ursache. Außerdem schreibt man nicht über Banalitäten. Beispiel: Wenn ein Fußballtrainer aus dem Krankenhaus seiner Mannschaft per E-Mail einen Trainingstipp schreibt oder eine taktische Aufstellungsfrage beantwortet, wird er kaum erwähnen, dass das Spiel 90 Minuten dauert, nach der Hälfte der Zeit eine Pause gemacht wird oder nur ein Torwart mit zehn Feldspielern auf den Platz dürfen. Diese Dinge sind bekannt und vollkommen klar. Wenn aber einer kommt und gerne zwölf Spieler nominieren möchte, dann muss eine Grundsatzrede zur Elfer-Aufstellung folgen – wie es Paulus in 1. Korinther 15 zur Auferstehung tun musste.

Bekanntestes Beispiel ist 1. Korinther 15 von Paulus. Wie gesagt, es wurde etwa 20 Jahre nach dem Tod von Jesus geschrieben. Zu einem Zeitpunkt also, als die Gemeinde der ersten Christen in Jerusalem noch bestand – die erst mit der Zerstörung im Jahr 70 durch die Römer zerstreut wurde. Der für uns bedeutendste Abschnitt ist dieser hier: „Jesus wurde von Petrus gesehen und dann von den zwölf Aposteln. Danach sahen ihn mehr als fünfhundert seiner Anhänger auf einmal, von denen die meisten noch leben; nur einige sind inzwischen gestorben. Dann wurde er von Jakobus gesehen und später von allen Aposteln."

1. Korinther 15 beruht auf älteren Quellen, die nahe bis an die Ereignisse selbst heranreichen. So schreibt Paulus bereits etwa fünf Jahre zuvor an die Gemeinde in Thessaloniki Ähnliches in seinem ersten Brief in Kapitel 4. Wahrscheinlich hat Paulus die Formulierungen nach seiner Bekehrung zu Jesus Mitte der 30er Jahre aus dem Jerusalemer Umfeld erhalten. Sie dürfte somit bereits ganz wenige Jahre nach der Kreuzigung entstanden sein. Dadurch wird die Glaubwürdigkeit der Stelle bei Paulus erhöht. Sie werde – so Theißen/Merz in ihrem Standardwerk zur Jesus-Forschung – durch eine „traditionsgeschichtlich unabhängige Erzählüberlieferung bestätigt". Außerdem kannte Paulus fast alle Personen aus diesem Kapitel persönlich. An der subjektiven Authentizität dieser Zeugnisse bestehe also kein Zweifel: Paulus war fest davon überzeugt, dass das, was er da nach Korinth schrieb, wirklich wahr war. Auch scharfe Kritiker des Christentums gehen davon aus, dass 1. Korinther 15 die älteste ausführliche Quelle zur Auferstehung ist.

Es ist Paulus dabei sehr wichtig, die Namen derjenigen zu nennen, die Jesus nach seiner Kreuzigung lebend gesehen haben. Nach seinen Worten wurden ihm diese Begegnungen aus der Jerusalemer Gemeinde übermittelt. Es war den ersten Christen also offenbar nicht gleichgültig, was sie erlebt hatten und wer dabei war.

Paulus schreibt hier an die Gemeinde in Korinth, die ihm sehr kritisch gegenüber steht. Er will sie davon überzeugen, dass er im Recht ist. Und wer würde in einer Zeit, in der man mit etwas gutem Willen innerhalb des römischen Weltreiches von der Hafenstadt Korinth aus ein Schiff hätte besteigen und nach Jerusalem fahren können, eine solche leicht zu überprüfende Sache behaupten? Klar, der Aufwand wäre deutlich größer gewesen, als wenn man nur zum Handy hätte greifen müssen. Allerdings konnte man solche Details auch in der Antike nicht einfach behaupten, wenn sie falsch waren. Damit wäre man in einer solch bedeutenden Hafenstadt wie Korinth nicht durchgekommen. Spätestens nach einiger Zeit wäre jemand vorbeigekommen, den man hätte fragen können oder der Buschfunk hätte sonstwie gewirkt. Außerdem wusste Paulus, dass seine Briefe herumgereicht wurden und sich nicht – wie bei den „Mission: impossible"-Filmen – nach einmaligem Lesen zerstören. Sein Ansehen wäre gerade bei den Paulus nicht gewogenen Korinther Christen mit falschen Behauptungen komplett zerstört worden. Ein Bluff wäre an dieser Stelle sehr gefährlich gewesen. Paulus erklärt hier ja nicht seine Theologie, sondern geht lediglich nebenbei auf diese Details ein.

Wie eindringlich hat Paulus nun die Auferstehung verfochten? Die Antwort kann nur lauten: 58 Verse lang sehr eindrücklich: „Christus wird somit als der verkündet, den Gott von den Toten auferweckt hat. Wie können da einige von euch behaupten: „Eine Auferstehung der Toten gibt es nicht!"? Angenommen, es gibt wirklich keine Totenauferstehung: Dann ist auch Christus nicht auferstanden. Und wenn Christus nicht auferstanden ist, ist es sinnlos, dass wir das Evangelium verkünden, und sinnlos, dass ihr daran glaubt. Und nicht nur das: Wir stehen dann als falsche Zeugen da, weil wir etwas über Gott ausgesagt haben, was nicht zutrifft. Wir haben bezeugt, dass er Christus auferweckt hat; aber wenn es stimmt, dass die Toten nicht auferweckt werden, hat er das ja gar nicht getan. Um es noch einmal zu sagen: Wenn die Toten nicht auferstehen, ist auch Christus nicht auferstanden. Und wenn Christus nicht auferstanden ist, ist euer Glaube eine Illusion; […] Wenn die Hoffnung, die Christus uns gegeben hat, nicht über das Leben in der jetzigen Welt hinausreicht, sind wir bedauernswerter als alle anderen Menschen." Deutlicher kann man das Verständnis von Paulus zur Auferstehung von Jesus etwa 20 Jahre nach dem Ereignis nicht aufschreiben – und diese Auffassung hatte er dazu auch noch von denjenigen übernommen, die Jesus nach der Kreuzigung einige Mal gesehen hatten.

Paulus zeigt hier, dass er die Fragen nach der Geschichtlichkeit der Auferstehung wichtig findet – wie es das ebenfalls das ganze Neue Testament tut. Vier Evangelien-Berichte, Kapitel 1 der Apostelgeschichte und einige Stellen in den Briefen lassen kaum einen anderen Schluss zu: Die Schreiber dieser Berichte hatten ein großes Interesse daran aufzuzeigen, dass Jesus tatsächlich auferstanden war. Die zentralen Texte über Jesus haben vor allem eine Botschaft: Der Kreuzigung folgte die Auferstehung! Ohne letzteres wäre die Geschichte von Jesus von Nazareth nicht aufgeschrieben worden, würde es heute kein Christentum geben. Paulus erwähnt das leere Grab nicht, aber er spricht von „begraben" – was eine Beerdigungsörtlichkeit voraussetzt. Nach vorherrschender jüdischer Lehrmeinung galt als Auferstehung ja nur die leibliche.

Der jüdische Wissenschaftler Pinchas Lapide war kein Christ. Trotzdem überzeugen ihn die Darstellungen über die Auferstehung in den Evangelien von Matthäus 28, Markus 16 und Lukas 24 deshalb, weil hier Frauen als erste Zeugen des Auferstandenen genannt werden. Bevor jetzt jemand nach dem nächsten Genderbeauftragten ruft oder sich als weibliches Wesen diskriminiert fühlt: Frauen wurden im damaligen Judentum nicht als juristische Zeugen zugelassen. Dies ist keine Wertung meinerseits, dies ist eine Beschreibung der Tatsachen. So lässt sich der besagte jüdische Geschichtsschreiber Flavius Josephus folgendermaßen über Frauen aus: „Das Zeugnis der Frau ist nicht rechtsgültig wegen der Leichtfertigkeit und Dreistigkeit des weiblichen Geschlechts." Wenn also die Geschichte vom leeren Grab erfunden worden wäre, hätte man sie in der Antike nicht mit Frauen als Zeuginnen erfunden – und schon gar nicht, dass sie obendrein die ersten am Grab waren. Diese Ehre hätte sonst sicherlich einem Petrus gebührt. Die Darstellung mit den Frauen am Grab ergibt nur dann Sinn, wenn es auch tatsächlich so war. Man kann in der Argumentation dies nicht ernst genug nehmen – so merkwürdig das klingt!

Die Frauen am Grab sprechen daher auch dafür, dass es tatsächlich ein Grab gab, zu dem sie hingegangen sind. Dabei ist es auch verständlich, warum ausgerechnet Frauen die ersten am Grab waren. Sie wollten Jesus durch die weiteren Einbalsamierungen die letzte Ehre erweisen. Die Erwähnung der Frauen spricht auch dafür, dass bei etwaiger späterer Abfassung der biblischen Berichte sehr auf Genauigkeit geachtet wurde.

Dieses kleine Detail zeigt, dass es gute Gründe geben kann, die biblischen Berichte vom leeren Grab und den Erscheinungen der Jünger ernst zu nehmen. Und zwar so anzunehmen, wie sie es beschreiben. Die Evangelien berichten sehr glaubhaft die Szenen um die Auferstehung. Viel merkwürdiges menschliches Verhalten wird aufgezeigt: Da bezweifeln selbst die größten Glaubenshelden die Auferstehung und verkriechen sich vor den jüdischen Autoritäten, da wird der auferstandene Jesus für einen Gärtner gehalten, bei Jesu erster Erscheinung bekommen alle Angst und so weiter.

Peter Hirschberg schreibt in seinem Buch über Jesus: „Die Jüngerflucht, die in krassem Realismus von den Evangelien überliefert wird, zeigt überdeutlich, dass man nichts mehr von Jesus erwartet und erhofft hat. Eine verzweifelte und deprimierte Jüngerschar, die in alle Richtungen auseinander lief – das ist das niederschmetternde Ergebnis der Hinrichtung Jesu!" Schreibt man als Evangelist so, wenn es nicht wirklich wahr war?

Selbst wenn man den Schreibern Böses, Dummes, Naives oder noch furchtbarere Vorsätze unterstellt und grundsätzlich alles anzweifelt, was im Neuen Testament geschrieben steht: Diese Berichte klingen weder nach Märchen oder Mythen – noch nach beschönigten Beschreibungen vergangener Ereignisse. Es könnte natürlich sein, dass sie allein zu diesem Zweck verfasst wurden, um uns heute zu täuschen. Um den Menschen damals zu imponieren, waren sie jedenfalls recht ungeeignet. Das Vorbild wäre da schon eher der „Gallische Krieg" von Julius Cäsar gewesen – geschrieben allein, um sich und seine Heldentaten ins rechte Licht zu rücken.

Die Jünger hatten Angst und keinen Glauben an die Auferstehung. Es war schließlich nicht so, wie Matthias Grünewald Anfang des 16. Jahrhunderts auf dem Isenheimer Altar bildlich darstellte, dass bei der Grablegung von Jesus sich bereits die Auferstehung am Horizont durch einen hellen Schein abzeichnete. Nach dem Tod war nach Sicht der Jünger am Karfreitag alles aus. Jesus hatte es richtig schwer, sie vom Gegenteil zu überzeugen.

Beschäftigen wir uns nun noch einmal generell mit den Berichten in den vier Evangelien. Sie widersprechen sich in einigen Punkten und manches ist nur unter Schmerzen miteinander zu vereinbaren – wenn überhaupt. Aber in der Aussage, dass das Grab leer und Jesus von den Toten auferstanden sei, sind sie sich komplett einig. Michael Dummett hat in seinem Aufsatz „Biblische Exegese und Auferstehung" diese interessante Bemerkung gemacht: Man könne nur entweder behaupten, die Verfasser hätten sich geirrt oder sie wollten betrügen. Was man aber nicht behaupten könne, sei dass die Autoren „ein literarisches

Genus benutzt hätten, um darin eine Botschaft anderer Art einzukleiden". Diese Form hätte dem Leser bekannt sein müssen. Dies sei aber nicht der Fall gewesen. Die Auferstehungsberichte knüpften bruchlos an diejenigen vom Tod Jesu an und wurden genau als eben solche Fortsetzung und Todesüberwindung verstanden – bis ins 17. Jahrhundert. Robert Spaemann bemerkt dazu, dass die Auferstehung in der Bibel nicht als „versinnlicht" und „Interpretament" beschrieben werde – sondern als entscheidendes Argument für die Glaubwürdigkeit der Botschaft von Jesus sowie als Grund dafür, an eben diesen Jesus zu glauben. Nach den biblischen Berichten begegnete Jesus zwölf Mal seinen Nachfolgern nach der Kreuzigung – zwölf verschiedene Treffen, vielfältig und mehrdimensional. So was denkt man sich nicht aus.

Da viele Theologen den vier Evangelien vorwerfen erst spät entstanden zu sein und deshalb den Stand des Christentums frühestens nach dem Jahr 70 aufzuzeigen, bleibt also die Frage: Haben die ersten Christen etwas anderes verkündigt als die Botschaft der Evangelien? Oder anders herum aufgezogen: Mit welcher Story zogen die ersten Christen los und missionierten? Kann man daraus Rückschlüsse auf die Auferstehung ziehen?

Wer nach den ersten Jahrzehnten der Christenheit fragt, kommt an der Apostelgeschichte nicht vorbei. Wie ich bereits angedeutet habe spricht die Apostelgeschichte eine klare Sprache: Die Botschaft der ersten christlichen Missionare war: Jesus wurde von Gott auferweckt (Kapitel 1, 2, 3, 4, 5, 10, 13, 17). An fast 20 Stellen wird deutlich, wie wichtig die Botschaft von der Auferstehung den ersten Christen war. Dass die Auferstehung dabei kein Randthema der Verkündigung war, zeigt die Rede von Paulus in Athen auf dem Areopag in Kapitel 17. Dort verdächtigten die Griechen Paulus von fremden Gottheiten zu predigen, nämlich von Jesus und

Anastasia. Letzteres ist eben das griechische Wort für Auferstehung. (Nur am Rande: Diese kleine Anekdote zeigt wieder, wie das antike Verständnis der Auferstehung war. Alle dachten zuerst an eine Gottheit – aber nicht daran, die Auferstehung mit einer Person zu verknüpfen.)
Nun haben wiederum viele Theologen den Verdacht, die Apostelgeschichte sei ebenfalls erst Jahrzehnte nach den Ereignissen entstanden und deshalb weniger glaubwürdig.

Für Fortgeschrittene

Für eine Frühdatierung wiegt dieses Argument schwer: Der Hauptprotagonist in der Apostelgeschichte ist Paulus. Paulus wurde vermutlich 64 hingerichtet. Die Apostelgeschichte hört aber mit dem Prozess gegen Paulus auf – sogar mit den Worten, Paulus sei noch zwei Jahre in seiner Wohnung in Rom geblieben. Schluss, aus, Ende der Erzählung über die Ereignisse um Paulus – und wir sind im Jahr 62. Ein solches Ende hätte man sicherlich nicht zwanzig Jahre später hinterlassen.

Es sprechen viele Indizien dafür, dass die Auferstehungs-Berichte der Apostelgeschichte glaubwürdig sind. Sowohl im bereits zitierten 1. Korinther 15 als auch in Römer 1 wird von der Auferstehung als zentralem Element der Verkündigung gesprochen. Also: Die ersten Christen verkündeten die Auferstehung als den wichtigsten Inhalt bei ihrer Missionstätigkeit. Eine andere Botschaft – ich habe bereits darauf hingewiesen – wie allein die Bergpredigt oder Ähnliches hätte als Judentums-Update oder Untergruppierung sicherlich nicht mit solch durchschlagendem Erfolg „verkauft" werden können.
Apropos Missionstätigkeit: Wie bei Juden üblich, waren die Übereinstimmung von Denken und Handeln enorm wichtig. So auch hier: Die ersten Christen – die ja vom Judentum her kamen – redeten nicht nur über die Auferstehung – sie

handelten auch so, als ob Jesus wirklich auferstanden wäre. Der Tod spielte für sie keine Rolle mehr und die Hoffnung, mit Jesus auferweckt zu werden, war in ihrem Leben erkennbar. Wie schon oft erwähnt, ließen sich die christlichen Missionare durch nichts beeindrucken. Aus menschlicher Sicht ist ein großer Teil des Erfolgs in den ersten und entscheidenden Jahrzehnten auf das echte Vorbild zurückzuführen. Petrus, Johannes, Jakobus, Paulus waren eben authentische Auferstehungs-Verkünder. Sie predigten von der Hoffnung und lebten sie. Sie hatten alles aufgegeben, ihr bürgerliches Leben und erzählten jetzt von Jesus und der Auferstehung. Ein bemerkenswertes Zeichen für die Auferstehung. Wie sich die Auferstehung im Leben von Christen widerspiegelt steht im Teil 2 des Buches.

Die ersten Christen waren ethnisch und religiös Juden. Die Juden hatten über Jahrhundert der Unterdrückung und Verschleppung ihre jüdische Identität erhalten und diese als Anti-Assimilierung genutzt – ein eindrucksvolles Zeugnis, welches sicherlich einmalig in der Geschichte der Menschheit ist. Auch heute noch ist die kleine jüdische Religion auch nach Jahrtausenden der Unterdrückung und Verfolgung noch so, wie früher. Und während kaum noch Völker vorhanden sind, die es vor über 3000 Jahren schon gab beziehungsweise sich mittlerweile stark vermischt haben, so gibt es das Judentum immer noch. Viele von diesen Juden gaben nun diese enorm starke und wichtige Identität auf und „gründeten" eine andere Religion – in der sie dann von Nichtjuden nicht mehr unterscheidbar waren. Anfangs verstanden sich die Judenchristen als eine Art „wahres Judentum" – schließlich hatten sie den jüdischen Messias gefunden. Aber schnell wurde klar, dass sie als Christen eine neue Identität annahmen. Dies geschah nicht nur dadurch, dass alte Riten nicht mehr befolgt wurden – es wurden auch neue geschaffen.

So wurden Abendmahl und Taufe als neue „Erinnerungsorte" eingeführt. Das Abendmahl zum Gedächtnis daran, was Jesus am Kreuz gelitten hatte und die Taufe als Zeichen für Tod und Auferstehung (unter- und auftauchen). Dazu im zweiten Teil mehr.

Die neue Religion brachte aber noch mehr hervor: den Sonntag als Feiertag, in Ablösung des Sabbats (des Samstags). Nach jüdischer Zählweise wurden Tage jeweils als ganze Tage verstanden, auch wenn sie nur wenige Sekunden alt waren. Jesus war somit drei Tage tot, auch wenn es eigentlich nicht einmal 48 Stunden waren: Von Freitag, 15 Uhr, bis Sonntagmorgen vor Sonnenaufgang. Die Christus-Nachfolger verstanden sich also selbst als eine Art Auferstehungsgemeinschaft. Schließlich feierten sie nun einmal pro Woche am Sonntag die Auferstehung.

Auch hier wieder: Wenn man jüdische Empfänger bei der Auferstehungsbotschaft vor Augen gehabt hätte (Römer und andere Heiden lagen sicherlich zu Beginn außerhalb der Vorstellungskraft der ersten Christen), wäre Jesus bestimmt am Sabbat auferstanden – der in diesem Fall sogar noch auf einem sehr hohen Feiertag lag, dem Passahfest. Die Frauen hätten Jesus also noch am Samstagabend (also direkt nach dem Ende des Sabbats) sehen können, kurz nach seiner Auferstehung. Jesus stand aber nach jüdischem Verständnis an unserem Montag, dem ersten Arbeitstag nach dem Feiertag, auf. Wir sprechen zwar vom „Wochenende", aber der erste Tag der neuen Woche ist formal immer noch der Sonntag.

Für uns heute klingt das nach einem ganz einfachen Schritt, es wird eben der Feiertag gewechselt. Manche Menschen feiern ihren Namenstag größer als den Geburtstag, na und?! Nicht vergessen darf man aber dabei die tieferliegende Bedeutung dieses Schrittes: Dadurch, dass man nun den

Sonntag zelebrierte, sagte man nichts weniger aus, als dass die Auferstehung von Jesus wichtiger sei als der von Gott bei der Erschaffung der Welt selbst geheiligte Tag! Der Sabbat war in der jüdischen Tradition der siebte Tag der Schöpfung – und an diesem ruhte Gott aus und segnete ihn deshalb (1. Mose 2). Der neue Tag, an dem Gott geehrt werden sollte, wurde der Sonntag, der Tag der Auferstehung. Johannes betont zwei Mal (Kapitel 20), dass Ostern der erste Tag der Woche war. Somit wurde er nach der Schöpfungsgeschichte am sechsten Tag gekreuzigt – dem Tag der Erschaffung des Menschen. Am siebten Tag, dem der Ruhe, lag er im Grab. Am ersten Tag, dem der Welterschaffung, wurde er auferweckt. Ostern nimmt damit die Rolle des Beginns der neuen Schöpfung ein.

Vergessen darf man dabei nicht, dass die Jünger weiterhin Juden waren und daran glaubten, dass man Gott und seine Welterschaffung ehren sollte. Wir haben heute wenige Vorstellungen davon, was wahrhaftig heilig, was wirklich wichtig ist. Die Juden sahen das damals anders. Es gab heilige Orte, heilige Tage, heilige Gegenstände, heilige Menschen. Das musste man respektieren. Der Sabbat war heilig. Heilige Tage waren weiterhin gesegnet – aber die Perspektive von einem geheiligten Tag zu einem anderen hatte sich verschoben. Wenn man sich nur einen Tag frei nehmen konnte, dann lag die Priorität klar auf dem Sonntag – und nicht mehr auf dem Samstag (Sabbat).

Dazu kommt, dass die Jünger ja aus ihrer Sicht nicht ihren Gott wechselten – sich aber den Vorwurf der anderen Juden gefallen lassen mussten, sie würden nun (mindestens) zwei Götter verehren: Gott(-Vater) und Jesus Christus (den Sohn)! Für einen Anhänger einer monotheistischen Religion sind solche Vorwürfe nicht einfach beiseite zu wischen, sie wiegen schwer.

Insgesamt sind dies große Veränderungen im jüdischen Leben! Timothy Keller schreibt in seinem Buch „Warum Gott?", es benötige normalerweise seine Zeit, bis eine massive Veränderung des Weltbildes in einer Gruppe von Menschen Fuß fasse. So etwas brauche in der Regel jahrelange Diskussionen über das „Wesen der Auferstehung". Die Definition der Auferstehung war aber quasi sofort fertig. „Eine gewaltige Veränderung verlangt einen gewaltigen Auslöser!" So beschreibt es Willibald Bösen.

Apropos Veränderungen: N. T. Wright identifiziert sieben Modifikationen der ersten Christen gegenüber der jüdischen Ausgangsreligion: Die vielen verschiedenen Auferstehungs-Vorstellungen wurden auf eine fokussiert, die Auferstehung rückt vom theologischen Rand absolut ins Zentrum, die Vorstellung des Auferstehungs-Körpers wird konkret gefasst und ist nicht mehr nur vage, Auferstehung wird nun verstanden als Leben nach dem Leben (der Tod als Zwischenschritt), die Auferstehung sollte auch persönlich im Leben von jedem Nachfolger umgesetzt werden – durch Mission und durch ein Auferstehungs-würdiges Leben, die Auferstehung wurde nun bei der Taufe begangen (ein Sterben und Auferstehen mit Jesus durch Unter- und Auftauchen im Wasser) sowie als letztes verband man die Auferstehung mit der Messianität. Diese sieben Veränderungen bei der Auferstehungs-Auffassung wären nicht von allein durch die eher weniger intellektuellen ersten Christen (Ausnahme: Paulus) vorgenommen worden – ohne ein einschneidendes Erlebnis in diesem Zusammenhang.

Eine weitere Modifikation der Religion gab es noch: Das Kreuz wurde das neue Zeichen. Wie schon gezeigt, ist das Kreuz eigentlich ein Symbol der Schande. In einer heute bekannten Zeichnung wurde ein Christ namens Alamenos um 200 bis 250 damit verspottet, dass er einen Mann mit Eselskopf am Kreuz anbete. Ohne Auferstehung wäre das Kreuz nicht zu dem Symbol des Christentums geworden. Wenn es auch noch bis zum Ende der strafrechtlichen Kreuzigungen dauerte, bis es sich durchsetzte.

Ein weiterer spannender Punkt ist der nach den Prophezeiungen im Alten Testament. Paulus schreibt im vielzitierten 1. Korinther 15, Jesus sei am dritten Tag auferweckt worden, wie es bereits in den jüdischen Schriften – eben unserem Alten Testament – vorhergesagt worden sei. Bei vielen Verweisen im Neuen Testament auf Stellen bei Jesaja und anderen Büchern in Bezug auf Details des Lebens Jesu könnte man umgehend denken, die Biografen von Jesus hätten sich einfach an Vorhandenes angepasst. Bei der Auferstehung bestand aber kein Interpretationsspielraum für die neutestamentarischen Verfasser: Tod durch Kreuzigung und Auferstehung am dritten Tag. Einen ausdrücklichen Hinweis auf das Leiden, Sterben und Auferstehen des Messias gibt es – wie gesagt – nicht im jüdischen Denken. Sonst wären die ersten Christen auch nicht überrascht gewesen. Aber es gibt Hinweise, die den Lesern der jüdischen Bibel nach der Auferstehung die Augen öffneten. So wird der leidende Gottesknecht in Jesaja 52 und 53 heute von christlichen Interpreten eindeutig auf den Tod von Jesus bezogen. Die Auferstehung wird angedeutet durch den dreitägigen Aufenthalt von Jona im Fisch – was Jesus im Matthäus 12 auf sich selbst bezieht. In Jesaja 53 wird vom Leid, der Vernichtung und dem anschließenden langen Leben und den Nachfolgern des Dieners Gottes berichtet. Beim Propheten Hosea im sechsten Kapitel wird von Wiederaufrichtung am dritten Tag gesprochen. Und Petrus verweist in seiner Predigt am ersten Pfingstfest – beschrieben in Apostelgeschichte 2 – auf Psalm 16, dass „er" nicht dem Tod überlassen und Gottes Heiliger nicht verwesen würde. Auf David geht dieser Psalm

zurück – er kann sich aber nicht selbst meinen, sein Grab sei schließlich heute noch zu besichtigen (ob es sich hierbei um dieses wirklich handelt, ist nicht weiter wichtig – dass David verwest ist, kann sicherlich als Fakt vorausgesetzt werden). Auch Psalm 22 ist spannend: Erst wird vom Tod berichtet und dann davon, dass Gott dem Getöteten zur Hilfe eilte. Die Beschreibung des Todesleidens erinnert übrigens verblüffend an eine Kreuzigung. Auch hier soll der Psalm von David stammen – auf ihn passt er aber gar nicht.
Natürlich, die Stellen aus dem Alten Testament sind kein richtiger Beweis. Deshalb habe ich auch nur am Ende kurz darauf verwiesen. Aber interessant sind die Stellen schon. Vor allem aus zwei Gründen: Zum einen ist bei den Texten sichergestellt, dass sie wirklich vor der Geburt von Jesus schon existiert haben. (Vor allem bei Jesaja sei den Funden in Qumran.) Zum anderen werden die genannten Passagen zwar von jüdischen Forschern auch unabhängig von Jesus interpretiert. Aber richtig Sinn ergeben sie erst in Bezug auf Jesus. Vor allem Jesaja 52 und 53 scheinen perfekt auf Christus zugeschnitten zu sein.

> *Schlüsse und ihre Folgen*

Kommen wir also zurück auf die Ausgangsfrage: Wie konnte aus einer schwachen, verängstigten Schar eine solche Bewegung werden, die heute den Erdball umspannt? Eine solche Zahl innerhalb des römischen Reiches, das sich zwanzig bis dreißig Jahre nach dem rechtsgültigen Todesurteil des Gründers bereits vom äußersten Ende des römischen Reiches zu einer Kraft in der Hauptstadt entwickelt hatte – um dann keine dreihundert Jahre später Kaiser Konstantin den Großen zu einem Bekenntnis zum Christentum zu bewegen, weil er sich dadurch eine Vergrößerung seiner Machtstellung erhoffte?

Dazu noch eine Religion, die im Gegensatz zu den etablierten stand und von Grund auf eine der Schwachen und Unterdrückten ist, die für die Mächtigen und Intellektuellen uninteressant war und heute weitgehend immer noch ist? Warum gingen die christlichen Missionare mit einem solchen Enthusiasmus vor, was gab ihnen den Antrieb? Warum blieben sie trotz Spott, Verfolgung und Tod bei ihrer Verkündigung? Wie bitteschön konnte diese Bewegung überhaupt überleben und massiv expandieren, wo der Widerstand doch religiös und politisch (zumindest teilweise) massiv war?

Natürlich kann man einfach das Fußballerzitat abwandeln und sagen: Vielleicht hatten die ersten Christen am Anfang einfach kein Pech und anschließend kam auch noch Glück dazu. Aber, reicht das? Kann man nicht sogar mit der Alltagsweisheit kontern: Einmal ist Zufall, zweimal Fügung. Dreimal heißt, dass irgendein System dahintersteckt. Sprich: Der Erfolg zu Beginn lässt sich schon schwer erklären, dass dann noch die ersten Jahrzehnte mit Verfolgungen überstanden wurden, machen es nicht leichter, dass dann aber der ganz große Durchbruch kam – da muss mehr dahinter stecken.

Es ist sehr unwahrscheinlich, dass der Erfolg des Christentums auf irgendwelchen banalen Zufällen basiert. Unsere Herausforderung besteht vor allem darin, dass wir das Christentum als selbstverständlich ansehen und uns gar nicht mehr richtig vorstellen können, wie erstaunlich seine Entstehung und Ausbreitung eigentlich war. Ähnlich sieht es übrigens mit unserer Erde aus. Wir leben auf ihr und sie ist eine Selbstverständlichkeit. Dabei ist ihre Beschaffenheit so unwahrscheinlich wie nur irgendetwas. Naturwissenschaftler gehen deshalb unter dem Titel „anthropisches kosmologisches Prinzip" der Frage nach, ob die Erde extra für den Menschen gemacht wurde. Der Vergleich hinkt vielleicht etwas. Die Entstehung einer solchen Religion ist vielleicht doch nicht ganz so unwahrscheinlich wie die Beschaffenheit der Erde mit ihren vielen verschiedensten Parametern. Was ich damit aber deutlich machen will ist: Wir müssen beides, die Entstehung der Erde und die des Christentums, als etwas Außergewöhnliches begreifen. Und wie bei der Erde sollten wir uns fragen, welche Voraussetzungen nötig waren, damit es sie geben kann.

Für mich sprechen die Indizien jedenfalls dafür, dass nur das Wunder der Auferstehung mit den bekannten Begleiterscheinungen – der auferstandene Jesus trifft seine Nachfolger – die Christus-Bewegung mit den Folgen bis heute hatte lostreten können. William von Ockham (gestorben 1347) vertritt die Meinung, diejenige Hypothese sei die beste, die den Gesamtbefund am einfachsten erklärt. Je komplizierter etwas sei, desto unwahrscheinlicher sei es. Nach dem Zeugnis aus Apostelgeschichte 2 gingen die ersten Christen los und verkündeten wenige Wochen nach der Kreuzigung mitten in Jerusalem: „Gott hat den Jesus Christus, den ihr gekreuzigt habt, auferweckt". Die Jünger wurden von der Wirklichkeit überwältigt – daraufhin gingen sie los und veränderten die Welt. Das wurde bis ins 17. Jahrhundert nicht wirklich in Frage gestellt. Die Auferstehung ist die einfachste Deutung. Umdeutungsversuche dieser Aussagen machen es nur komplizierter – und erklären die Entstehung des Christentums schlechter (oder nicht). Das sind alles keine Beweise, aber ernst zu nehmende Hinweise!

Die frühen Christen hatten eine klare Antwort auf die Frage, warum sie Jesus auch nach seinem Tod als Messias verkündeten: das leere Grab UND die Erscheinungen nach der Kreuzigung. Es braucht das leere Grab und die Erscheinungen. Ein leeres Grab alleine hätte keine Bewegung losgetreten. Reine Verwunderung der Jünger und noch mehr Trauer wären die Folge gewesen, nach dem Motto: Jetzt haben wir noch nicht einmal mehr einen Pilgerort, wo wir klagen können.

Aber auch die Begegnungen mit Jesus ohne das leere Gab wären folgenlos gewesen. Man hätte ja immer noch hingehen können und nachschauen. Die Erscheinungen hätte man als Visionen abtun können. Warum soll nun aber das Grab leer gewesen sein? Wenn Jesus tatsächlich den Aasgeiern vorgeworfen worden wäre, hätten die Jünger dies gewusst und niemals an die Erscheinungen geglaubt. Die Macht des Faktischen wäre größer gewesen.

Erst auf der Basis der Auferstehung konnte das irdische Wirken von Jesus von der ersten christlichen Überlieferungen mit Deutungen versehen werden, die so vor Ostern noch nicht möglich waren. Erst durch Ostern wurde die theologische Schande der Kreuzigung aufgehoben. Erst durch Ostern wurde die Gottessohnschaft von Jesus bestätigt. Dazu nachher noch mehr.

Die Indizien sprechen also nicht nur für ein Leben eines Jesus, der Christus (Retter) genannt wurde, sondern sogar dafür, dass dieser gekreuzigt, begraben und vom Tod auferweckt wurde. Wenn Jesus nicht auferstanden wäre, würde es sich bei den Christen nur um einen Jesus-Christus-Gedenkverein handeln…

Die Frage schließt sich an, was sollte dieser ganze Aufwand mit der Auferstehung, was sind Grund, Ziel – und was hat das Ganze mit mir zu tun?

Auferstehung – und ich

„Die Frage, ob es wahr ist, dass es eine Auferstehung der Toten gibt, ist eine andere Frage als die, welchen Sinn es für das Leben in dieser Welt hat, die Wahrheit zu glauben." So schreibt bereits erwähnter Robert Spaemann in „Religion und Tatsachenwahrheit" (1984). Auferstehung ja/nein ist sicherlich eine historisch gesehen interessante Frage. Aber die meisten Antworten zur Geschichtlichkeit eines Ereignisses enden mit einem gleichgültigen „Aha". „Aha, so, Cäsar wurde also am 15. März 44 vor Christus von einer Verschwörung um Brutus ermordet – und, ach, Brutus war gar nicht der Sohn von Cäsar? Interessant!" Weiter geht es im Text und im Leben. Ob ich Geschichtlichkeit (Wahrheit) von Cäsars Ermordung glaube oder nicht, hat keinen Einfluss auf mein Leben. Anders bei der Auferstehung des toten Jesus von Nazareth. (Wenn Geschichte auch immer ein Beitrag zu meiner Identität darstellt, so bleibt doch die Frage, wie sehr mich Cäsars Ermordung berührt, ob sie mir auch etwas bedeutet. Das ist dann doch der große Unterschied zur Auferstehung.)
Joseph Ratzinger schreibt als Papst Benedikt XVI. in seinem Buch über Jesus: „Die Auferstehung ist ein Ereignis in der Geschichte, das doch den Raum der Geschichte sprengt und über sie hinausreicht." Inwiefern reicht die Auferstehung – anders als Cäsars Ermordung – hinaus? Als andere Frage formuliert vielleicht: Was kann ich davon haben? Die Antwort in Kurzfassung: Alles!
Was nun folgt, hebt sich sachlich sehr vom ersten Abschnitt ab. Während ich bisher versucht habe – zumindest im größeren Umfang und wenn, dann mit Begründung – ohne Bibel und Bekenntnis auszukommen, ist dies im Folgenden

schlicht unmöglich. Zur Auferstehung kann man als Historiker interessante Schlussfolgerungen ziehen und als Nichtchrist – wie der Jude Pinchas Lapide – immerhin zur Erklärung kommen, die Auferstehung könne zumindest nicht ausgeschlossen werden und sei sogar wahrscheinlich. Aber zur Metaebene mit den Hintergründen kann man so nicht kommen. Da gibt es dazu die lustig-nachdenkenswerte Geschichte von Tante Mathildes Kuchen (aufgeschrieben von John Lennox). Besagte Tante hat einen Kuchen gebacken und die versammelten Wissenschaftler (Physiker, Chemiker, Ernährungsspezialisten, Mathematiker und so weiter) können alle Elemente des Kuchens einleuchtend erklären und darlegen. Für die wichtigste Frage brauchen sie allerdings Tante Mathilde selbst – trotz allem Sachverstand: Warum wurde der Kuchen überhaupt gebacken? (In diesem Fall: Sie hat Geburtstag.) Für Wie-Fragen stehen die Naturwissenschaftler gerne zur Verfügung, für Warum-Fragen sind andere zuständig. Selbstverständlich können die zuständigen Warum-Spezialisten (Philosophen und Theologen) spannende Antworten geben. Da es aber auch eine Antwort vom „Kuchenbäcker" selbst gibt, ziehe ich Gott und seine Aussagen in der Bibel vor.

Um noch eine andere Geschichte zur Verdeutlichung zu nutzen: Im humoristischen Hollywood-Streifen „Ocean´s Eleven" (2001) trifft Brad Pitt auf einen älteren Kumpanen, der gerade eine Orange schält. Brad Pitt: „Wozu die Orange?" Antwort: „Mein Arzt sagt, dass ich Vitamine brauche." „Wieso nimmst Du keine Vitamine?!" Typisch amerikanische Antwort, für Vitamine muss man doch keine Orange schälen, da reichen doch Präparate. Ich will aber das Original, die Orange. Deshalb schaue ich in die Bibel.

Wie sieht nun die Bibel die Auferstehung? Bertold Klappert spricht von der Mehrdimensionalität der Ostertexte im Neuen

Testament. Die Auferstehung sei in verschiedenen Bedeutungs-Zusammenhängen verkündet worden: Die Auferstehung von Jesus Christus 1. als wirkliches Ereignis in der Geschichte (historisch), 2. als Selbstdefinition Gottes (theologisch) beziehungsweise Offenbarung der wahren Identität von Jesus (christologisch), 3. als Inkraftsetzung der Versöhnung (soteriologisch), 4. als Eröffnung einer neuen Zukunft für die Welt und die Menschheit (eschatologisch), 5. als Begründung der christlichen Verkündigung und Mission (kerygmatisch) sowie 6. als Begründung des christlichen Glaubens und der Nachfolge von Jesus (anthropologisch).

Den historischen Part habe ich mit dem ersten (und bei weitem ausführlichsten) Abschnitt bereits bearbeitet. Bleiben die anderen fünf. Dabei brauche ich die theologische Bedeutung der Auferstehung, um zu unserer Leitfrage des zweiten Abschnittes vorstoßen zu können: Jesus – seine Auferstehung und ich. Was bedeutet es und was bringt´s mir?

> *Jesus und Auferstehung: wer er dadurch war*

Wie wahrscheinlich bei den meisten Vätern kleben auch in meinem Büro viele handgefertigte Werke der eigenen Kinder. Zwei Ebenen haben diese Hängungen: Mit der kindlichen Kunstfertigkeit zeigt mein Sohn, dass er etwas kann und dies als Ausdruck von Liebe und Zuneigung zum Vater nutzt. (Es ist jedes Mal wieder Quell unerschöpflichen Glücks, die Augen der Kinder zu sehen, wenn sie stolz mit einem neuen Krickelkrakel als Geschenk ankommen...)

In einem viel größeren Maßstab hat auch die Auferstehung diese beiden Ebenen: Die Auferweckung von Jesus von Nazareth durch Gott höchstpersönlich sagt etwas über ihn und Jesus aus: Gott hat die Macht über Leben und Tod – er nutzt sie zu diesem Zeitpunkt exklusiv für Jesus. Damit macht er klipp und klar deutlich, dass er (Gott) Jesus nicht aus Zufall als ersten hat auferstehen lassen. Es gab einen guten Grund dafür!

Alles, was die Einzigartigkeit von Jesus als Person und sein Werk umfasst, nennen Theologen „Christologie", die Lehre von Christus/dem Gesalbten Gottes. So definiert es Oscar Cullmann in „Die Christologie des Neuen Testaments". Der komplexen Frage, was Jesus Christus vor und in der (religiösen) Welt einzigartig macht, können wir hier nicht nachgehen. Viele Aussagen über Jesus sind weder aus dem religiösen Kontext des jüdischen Umfelds zu Beginn des 1. Jahrhunderts einzigartig, noch religionsgeschichtlich abzuleiten. Aber die Auferstehung ist die Ausnahme von dieser Aussage. Was macht nun die Auferstehung in der allgemeinen und speziellen Auffassung so außerordentlich besonders?

In der Auferstehung vollendet sich die Einzigartigkeit von Jesus Christus. Dabei ist sie mehr als das Sahnehäubchen. Sie ist die Bestätigung aller Aussagen, die Jesus über sich oder andere über ihn gemacht haben: Er ist der „Heilige Gottes" (Markus 1), der „Sohn Gottes" (Markus 1, Römer 1; zum jüdischen Verständnis von „Sohn Gottes" um Jesu Geburt siehe die ausgezeichneten Erklärungen von N. T. Wright), der Messias beziehungsweise Christus (Markus 8 und 14), der Menschensohn (Markus 2 und 3 in Bezug auf Daniel 7), der Retter/Erlöser/Heiland (Lukas 1, 2, 3 und 19, Apostelgeschichte 13, Römer 11), der Hohepriester (Hebräer 3) und der Herr, der Gott Israels (beispielsweise Lukas 24).

Die Bedeutung für die Christologie liegt genau in dieser Bestätigung Gottes. Das Christologische an der Auferstehung ist Gottes einzigartige Bestätigung für den irdisch umstrittenen Messias! Gott bindet sich mit der Auferweckung an Jesus. Mit der Auferweckung sagt Gott: Alles, was mein Sohn von sich behauptet hat, trifft zu, ist stimmig. Wenn

Jesus in Johannes 11 sagt „Ich bin die Auferstehung und das Leben", beglaubigt Gott dies in überragender Art und Weise. Somit wird die Auferstehung zum Schlüsselthema der Christologie! Gott bestätigt das Gott-Sein von Jesus und macht damit eine ontologische Aussage über den irdischen Jesus – die Existenz von Jesus, sein „Sein" ist göttlich.

Neben der einzigartigen Bestätigung durch das Herausrufen von den Toten kommen noch Details. Die Einzigartigkeit der Auferstehung manifestiert sich auch in dem Körper, den Jesus besaß. Dass Tote wieder lebendig wurden, kam zwar selten vor, war aber denkbar (Lazarus in Johannes 11). Jesus war nicht nur lebendig, sondern darüber hinaus noch in einer besonderen Form der Leiblichkeit. Nach dem Zeugnis der Evangelisten war er aus Fleisch und Blut. Man konnte ihn anfassen und in seine Wunde greifen. Er aß gebratenen Fisch und so weiter. Trotzdem konnte er durch verschlossene Türen gehen und einfach so verschwinden (Matthäus 28, Lukas 24, Johannes 20).

Außerdem bestehen die Auferstehungsberichte und -Formeln darauf, dass der Auferweckte personal identisch war mit dem, der irdisch wirkte und den Tod erlitt. Dies ist etwas Einzigartiges in der Antike – und bis heute.

Auch die Auferstehung am dritten Tag – ich habe bereits darauf hingewiesen – ist ein Zeichen von Gott für Jesus. So weist Jesus selbst in Matthäus 12 darauf hin, dass er wie Jona „drei Tage und drei Nächte" weg sein würde. Der dritte Tag nach Tod und Beerdigung hatte im Judentum dazu eine bestimmte Bedeutung: Unmittelbares Handeln Gottes schafft, wozu es sonst der Riten durch die Reinigung des Toten durch die Angehörigen bedarf: aufatmendes Leben.

Durch Johannes 1 und Kolosser 1 sowie die Himmelfahrt (Lukas 24, Apostelgeschichte 1) schließt sich außerdem ein Bogen: Jesus lebte bereits vor seiner Ankunft auf der Erde –

und dies findet seine Fortsetzung in der Auferstehung und anschließender Himmelfahrt. Was in der Menschwerdung geschehen ist, kommt erst in der Auferstehung zur vollen Auswirkung.

Einer der bekanntesten protestantischen Theologen und Mitglied im Widerstand gegen Adolf Hitler, Dietrich Bonhoeffer (1945 durch die Nazis hingerichtet), hält die Aussage „Jesus ist der gegenwärtige Christus als Gekreuzigter und Auferstandener" für die erste christologische Ausführung. Die Gegenwart sei dazu zeitlich und räumlich zu verstehen, als Hier und Jetzt. Diese – für Nichttheologen – leicht verschwurbelt klingende Aussage weist uns den Weg hin zur Antwort auf die Frage „was bitteschön hat die theologische Theorie der Christologie mit mir zu tun"? Auch hier wieder: Die Antwort kann sein: Alles! Dass Jesus als Auferstandener der von Gott auf ganzer Linie bestätigte Christus ist, hat Auswirkungen auf Vergangenheit, Gegenwart und Zukunft der Menschheit. Dadurch auch für mich. Wie Bonhoeffer es mit der Formulierung des gegenwärtigen Christus bereits andeutet.

> *Jesus und Auferstehung: was er dadurch tat*

„Man kann nicht nicht kommunizieren" lernt man in jedem Seminar zum Thema menschliche Begegnung. Dieser Satz von Paul Watzlawick stimmt auch bei der Auferstehung – wie auch dieser hier: „Jede Kommunikation hat einen Inhalts- und einen Beziehungsaspekt, derart, dass letzterer den ersteren bestimmt". Gemeint ist mit diesen beiden Sätzen bei der Auferstehung: Gott teilt sich dadurch mit, dass er Jesus auf die Erde schickt und ihn vom Tod auferweckt. Dabei steht die Beziehung zwischen Gott und Jesus (sowie im weiteren Umfeld zu uns Menschen) im Vordergrund. Der Inhalt (Sendung und

Auferweckung) wird dabei von der Beziehung bestimmt. Die Beziehung zu Mensch und Schöpfung ist das Wichtigste.

Das Neue Testament schweigt sich zu vielen spannenden Fragen leider aus. Bei einer aber ist es sonnenklar: Warum Jesus auf die Erde kam und was er mit Kreuz und Auferstehung vollbrachte: Rettung, Erlösung! Durch die Bestätigung des irdischen Jesus (Christologie) konnte Gott durch Jesus sein Versöhnungswerk vollenden. Warum aber gab es überhaupt etwas zu versöhnen und warum wollte Gott dies?

Erlösung und Rettung sind passive Wörter, jemand anderes wird aktiv – und befreit von etwas. Die ersten beiden Voraussetzungen habe ich gerade angedeutet: Jesus handelt durch Kreuz und Auferstehung. Die Befreiung ist dabei die von der Sünde. Für Menschen, die sich mit diesem Thema noch nicht so richtig beschäftigt haben oder die das eher befremdet – und auch für die, die von Kindesbeinen an davon in der Sonntagsschule gehört haben, erst recht – möchte ich etwas weiter ausholen und grundsätzlich werden. Es lohnt sich, das Thema ist einfach zu wichtig – und spannend obendrein!

Im 21. Jahrhundert über das Konzept „Schuld, Sünde und Sühne" zu schreiben, ist eine der schwierigsten Aufgaben überhaupt.

> *Literatur-Tipp*
>
> Für die Theologie-Freaks verweise ich auf John Stott und sein Meisterwerk „Das Kreuz. Zentrum des christlichen Glaubens" (2009). Das opulente Werk von Fjodor Dostojewski „Schuld und Sühne" (1866) ist zum Thema übrigens wenig erhellend, in neueren Übersetzungen heißt es nun deshalb auch „Verbrechen und Strafe".

Die Bibel beschreibt das Grundproblem der Welt als „Sünde". Diese sei durch den Satan in die Welt gekommen (vergleiche hierzu 1. Mose 2 in Verbindung mit Offenbarung 12). Kreuz und Auferstehung konnten Sünde und Satan besiegen. Die drei Begriffe werde ich mir nun einzelnen vornehmen: Sünde, Satan, Kreuz – und die damit verbundene Auferstehung. Nur dadurch können wir die Bedeutung der Auferstehung letztendlich in ihrer ganzen Tiefe und Notwendigkeit verstehen. Deshalb wird es an dieser Stelle auch etwas länger. Es muss aber sein, weil hier die Frage nach Tante Mathildes Kuchen beantwortet wird: Warum war die Auferstehung nötig, warum fand sie statt, warum kam Jesus – und dem ganzen Rest.

Auch wenn viele Menschen mit dem Wort „Sünde" vor allem das legendäre Stück Sahnetorte beim Kaffee als Anti-Abnehm-Aktion verbinden (wer isst denn heute eigentlich noch Sahnekuchen?) – dass mit dieser Welt etwas nicht stimmt, werden wohl alle schnell einsehen. Die Ungerechtigkeiten schreien zum Himmel. Hunderte von Millionen Menschen hungern – während andere tonnenweise Lebensmittel wegwerfen. Da bringen brutale Menschen ihresgleichen um, während Tsunamis, Dürrekatastrophen, Erdbeben und Vulkane darauf hinweisen, dass die Erde zwar grundsätzlich ein schöner Ort ist – aber nicht immer und überall. Kriege, Krankheiten und Katastrophen bestimmen die Menschheit.

Neben diesen generellen Ungereimtheiten – die sich beliebig fortsetzen lassen – auf dem Planeten Erde gibt es auch noch die in meinem Leben. Selbst, wer sich so alles in allem für ganz OK hält, wird sicherlich das eine oder andere Mal in seiner Biografie entdecken, dass da weniger schöne Bereiche existieren. Bei nahezu jedem Gespräch mit anderen Erziehungsberechtigten komme ich zu dem Punkt, an dem das „schuldig werden gegenüber den eigenen Kindern" thematisiert wird. Man hat einfach nicht immer so viel Geduld, wie man bräuchte, um einen Zwei- oder Dreijährigen in der

Trotzphase liebevoll begleiten zu können. Die Folge: Man erlebt sich als jemanden, dem der Geduldsfaden reißt und so. Anderes Beispiel: Sport! Es geht – wie beispielsweise beim Fußball immer, egal ob aktiv oder im Stadion – um alles! Da versemmelt der da vorne eine 150prozentige Torchance, ich könnte (und tue es auch) aus der Haut fahren und schreie jemanden an. Auf dem Platz habe ich häufig erlebt, dass sonst eigentlich ganz brave Bundesbürger sich vergessen und andere anschreien (berechtigt oder nicht, spielt eigentlich keine Rolle). Auch hier könnten sich zahllose weitere Beispiele anschließen.

Wo Menschen sind, menschelt es eben. Paulus sieht das auch so. In Römer 3 schreibt er, es würde niemanden geben, der sich immer korrekt verhält und alles richtig mache. Das nennt die Bibel Sünde. Wobei Sünde nicht nur verstanden wird als das Brechen einer Regel oder Konvention (die könnten geändert werden beziehungsweise: wer legt die eigentlich fest?). Sünde bedeutet Trennung.

Sprachlich gibt es zwei interessante Hinweise, was Sünde heißt. Die eine ist unter Experten wohl umstritten, scheint mir aber auch nicht widerlegt zu sein. Für mich klingt es durchaus einleuchtend, dass Sünde von Sund kommen könnte. Sund wiederum lässt sich durchaus vom germanischen Wort für „trennen" herleiten – wie bei Stralsund, welches eine Trennung zwischen Festland (Stadt Stralsund) und Insel (Rügen) beinhaltet. Auch wenn diese Herleitungen etwas strittig sind, sie erklären doch gut Sünde als Trennung. Als eine Trennung zwischen Gott und Schöpfung.

Sünde bedeutet im griechischen Hamartia: Das Ziel zu verfehlen. Gemeint ist damit, dass die Erde – wie auch die Menschen auf ihr – das von Gott gegebene Ziel verfehlen/verfehlt haben. So wie eben ein Bogenschütze danebenschießt.

Sünde – die Abwendung von Gott – bedeutet, wenn auch nicht bewusst und wissentlich, dass man in den Machtbereich des Satans eintritt. (Ich benutze lieber dieses Wort als das ansonsten gebräuchlichere Wort Teufel). Das Wort bedeutet auf Deutsch übrigens Gegner, Ankläger oder Widerstandleistender. (Teufel bedeutet Durcheinanderwerfer im Sinne von Verwirrer, Faktenverdreher, Verleumder.)

Jesus hat in den Evangelien mit dem Satan zu tun gehabt, er scheint also wichtig zu sein. Bei mir im Kopf laufen sofort verschiedene Filme ab, wenn ich an das Wort denke („Im Auftrag des Teufels" und so weiter) und ich habe mittelalterliche Darstellungen vor Augen (komplett in rot-schwarz und mit Hörnern und so). Mit der Realität haben diese Phantasiewesen dagegen nichts gemeinsam.

Man weiß insgesamt extrem wenig über den Satan. Selbst das, was man aus der Bibel zu wissen glaubt, erscheint mir bei näherer Betrachtung fraglich; vor allem die Hintergrundinformationen aus dem Alten Testament. Wie dem auch sei: Satan als Ankläger verstehe ich. Da ist jemand, der uns vor Gott anklagt, dass wir von Gott getrennt leben. Für die Bibel ist der Bogen dabei weiter gespannt, als dass es nur um unsere Entscheidung oder eine Frage unter uns Menschen allein ginge. Es gibt eben eine Macht, die gegen Gott und den Menschen streitet. Und die uns Menschen von Gott trennen will: Satan. Er verbündet sich dabei mit der Begierde (Römer 7), die in uns steckt, uns von Gott loszureißen und Gott gleich zu sein. Er versucht und verführt den Menschen, indem er den Blick von Gott weglenkt, Zweifel an Gottes Liebe und seiner Güte weckt. Die Bibel sieht in ihm den Regenten dieser Welt, der die Macht hat, uns in der Trennung von Gott festzubinden und zu halten. Aus dieser Macht gibt es bei allerbester Absicht nach biblischem Verständnis keinen menschlichen Ausweg.

Diese Macht muss auf einer höheren Ebene entmachtet werden.

Spannend finde ich auch die Selbstaussage von Goethes Gestalt des Satans „Mephisto" im Faust: „Ich bin der Geist der stets verneint!/Und das mit Recht; denn alles was entsteht/Ist wert dass es zu Grunde geht;/Drum besser wär's dass nichts entstünde./So ist denn alles was ihr Sünde,/Zerstörung, kurz das Böse nennt,/Mein eigentliches Element." Der (oft als solcher dargestellte) gehörnte Geselle sieht sich als das Böse schlechthin und steht für jegliche Form der Vernichtung. Auch eine treffliche Beschreibung der biblischen Vorlage.

Literatur-Tipp
Zum Bösen an sich und aus biblischer Perspektive vergleiche das Buch von Markus Spieker (2013).

Die große Wirkungsmacht von Sünde und Satan ist der Tod (Römer 5, Hebräer 2). Er steht wie kein zweiter dafür. Der Tod ist die Anti-Schöpfung, die Kraft der Zerstörung. Der Tod beseitigt die Geschöpfe des Schöpfers, die sein Ebenbild tragen, die Macht, die dieses Leben vernichtet. Der Tod ist mit der Sünde in die Welt gekommen (1. Mose 3) und er vollendet das Werk der Sünde.

Die Sünde hat – neben dem Tod – aber nach Auskunft der Bibel noch eine zweite Folge: das Gericht. An vielen Stellen wird vom Gericht gesprochen, so etwa Paulus in 1. Thessalonicher 1: Der auferweckte Jesus rettet uns vor dem kommenden Gericht. Auch Jesus selbst wird in den Evangelien mit Aussagen zum Gericht zitiert (Matthäus 10 bis 12; Lukas 10 und 11; Johannes 3, 5, 9 und 16).

Gericht ist etwas, das heute schwer zu erklären ist. Viele denken in etwa so: Die Welt ist nicht ganz in Ordnung, einverstanden. Ich mache auch nicht alles richtig, wegen mir. Der Tod ist etwas Schlechtes und es wäre wirklich brauchbar,

wenn er nicht mehr wäre – vollumfängliche Zustimmung. Aber wozu ein Gericht? Einteilung in Gute und Böse – Himmel oder Hölle? Das klingt doch nach Mittelalter! Haben wir das nicht seit der Aufklärung vor 200 Jahren hinter uns gelassen?
N. T. Wright erinnert mich daran, wie ich wieder einmal eine meiner „Ich lese jetzt alles zu einem Thema"-Attacken hatte und mich während meiner Elternzeit bei meinem Erstgeborenen mit Südafrika beschäftigte. Neben Nelson Mandelas „Der lange Weg zum Frieden" und zwei Biografien über ihn habe ich auch vom südafrikanischen Bischof Desmond Tutu „Keine Zukunft ohne Versöhnung" gelesen. Darin beschreibt Tutu die Arbeit nach der Abschaffung der Apartheid, um in den eigens eingerichteten „Kommissionen für Wahrheit und Versöhnung" die Trennung zwischen Schwarzen und Weißen, zwischen Unterdrückern und Unterdrückten zu beenden. Es gibt eben keine gemeinsame Zukunft ohne Versöhnung. Gericht ist notwendig. Wo sich einer weigert, sein Fehlverhalten einzusehen, da kann es keine Versöhnung geben. So sieht Gott das auch, es muss einen Platz geben, an dem über die Trennung zwischen Gott und Mensch gesprochen wird. Dieser Ort heißt Gericht.
Wie schon gesagt, eigentlich ist niemand gut. (Hier endet das Beispiel aus Südafrika.) Gott sieht nämlich alle als Sünder an, jeder muss vor Gericht, jeder muss mit Gott versöhnt werden, sonst gibt es keine gemeinsame Zukunft. Außerdem ist es eine faire Sache. C. S. Lewis hat es einmal so beschrieben: Letztlich gebe es nur zwei Arten von Menschen. Jene, die zu Gott sagen „Dein Wille geschehe" und jene, zu denen Gott sagen wird „Euer Wille geschehe".
Die Problematik Sünde und die Notwendigkeit der Sühne scheint Gott auch gesehen zu haben. Wenn er so funktionieren würde wie ich – der ich gerne lösungsorientiert denke – hätte er sich ungefähr folgende Gedanken gemacht: Die Probleme

sind 1. der Satan, der 2. zur Sünde (und damit zur grundsätzlichen Trennung der Menschen von Gott) führte, mit 3. dem Tod im Schlepptau. Da ich [Gott] aber wieder mit meiner Schöpfung versöhnt gemeinsam leben will, braucht es 4. das Gericht, was 5. zum Problem führt, dass es niemand da durch schafft. Schließlich bin ich Gott – und Gott duldet keine Sünde in seiner Nähe, davon kommen die Menschen aber nicht mehr los. Gerechtigkeit bedeutet eben, dass jeder bekommt, was er verdient – und die Menschen verdienen aufgrund ihres Verhaltens keine Versöhnung und können sie auch nicht aus eigener Kraft bewirken. Bei mir [Gott] reicht eben ein ehrlich gemeintes „fettes Sorry" nicht. Ich bin kein Schwamm-drüber-Gott. Nun ist guter Rat teuer. Letztendlich bleibt nur eine Lösung: Es muss jemand, ein Auserwählter, Tod und Teufel besiegen; jemand, der dann die Schuld auf sich nehmen kann. Dadurch kann allen die Versöhnungshand angeboten werden. Guter Plan – gesagt, getan. (Ende des göttlichen Selbstgespräches.)

C. S. Lewis erklärt dies sehr gut in „Pardon, ich bin Christ" so: Es ginge nicht um Strafe, sondern um Schuldenabbau. Sünde sei eine Art Schuld gegenüber Gott – und diese kann eben nur jemand begleichen, der selbst keine hat – sondern noch über zusätzliche Mittel verfügt.

Konkret wird die Lösung im Neuen Testament so beschrieben: Gott schickt Jesus auf die Erde, dieser stirbt ohne Sünde freiwillig am Kreuz, er opfert sich, ohne jemals von Gott getrennt gewesen zu sein. Durch die anschließende Auferstehung wird er wieder bestätigt und in Amt und Würden erhoben.

Für Fantasy-Fans

Ich habe mir zwar alle Mühe gegeben, den Sachverhalt ordentlich zu erklären. Aber an einigen Stellen hakt es schon noch gewaltig. Auch für mich selbst, der sogar hiermit den Vorteil hat, seine Gedanken einmal ins Reine zu schreiben, bleibt dies alles auch nach Jahrzehnten des Glaubens nach wie vor nicht leicht verständlich und verdaubar. Mir hat deshalb eine postmoderne visuelle Interpretation sehr geholfen.

Die drei Teile der Matrix-Filme waren finanziell sehr erfolgreich. Besonders Teil 1 war dazu auch inhaltlich überragend. Der zweite Teil ist dagegen eine typische Zwischenerzählung, viel schöne Action, aber wenig dahinter. Der dritte Teil macht es seinen geneigten Zuschauern nicht immer einfach, aber Matrix Revolutions erklärt den Schuld-und-Sühne-Plan Gottes dem visuell verwöhnten Bewohner des 21. Jahrhunderts ganz gut.

Wer die (teilweise sehr action- und gewaltlastigen) Filme nicht gesehen hat, der Plot ist schnell erklärt. Maschinen haben die Herrschaft der Erde übernommen und die meisten Menschen werden nur noch zur Wärme-/Energiegewinnung genutzt. Diesen humanen Stromerzeugern wird durch die Matrix ein normales Leben vorgegaukelt. Die Menschen halten alles für real, befinden sich aber quasi nur in einem für sie gemachten Film. Die Widerstandskämpfer hacken sich in das Matrix-Computer-System und holen den Auserwählten heraus. Dieser heißt im Film – je nachdem, ob er sich in der Matrix oder der richtigen Welt aufhält – entweder Neo oder Mr. Thomas Andersen. Neo ist dabei ein Anagramm für „One", also Nummer Eins. „Andersen" heißt auf Deutsch „Menschensohn" – so bezeichnet sich Jesus im Neuen Testament selbst, wobei er auf das alttestamentarische Buch Daniel zurückgreift. Die Anspielungen auf einen Erlöser liegen damit offen zutage. Seine Geliebte heißt auch noch Trinity (Dreieinigkeit).

Im Internet habe ich den interessanten Hinweis gefunden, dass man Sünde auch so erklären könne, wie es derjenige tut, der Neo/Mr. Andersen aus der Gewalt der Maschinen und der Illusion geholt hat (Morpheus): „Willst Du wissen, was die Matrix ist? Die Matrix ist allgegenwärtig, sie umgibt uns. Selbst hier ist sie, in diesem Zimmer,... Es ist eine Scheinwelt, die man Dir vorgaukelt um Dich von der Wahrheit abzuhalten, ... dass Du ein Sklave bist, Neo! Wie fast jeder andere bist

Du in Sklaverei geboren. In ein Gefängnis, das Du nicht sehen, schmecken oder berühren kannst. Einem Gefängnis des Geistes."
Die Parallele ist deutlich: Die Macht der Sünde ist nur schwerlich zu beschreiben und trotzdem leben wir alle darin, sind in ihr gefangen und versklavt. „Früher wart ihr Sklaven der Sünde" schreibt Paulus in Römer 6. Doch gerade weil die Sünde sich nicht offensichtlich zeigt, leben viele Menschen darin, ohne es zu wissen oder zu verstehen. Und trotzdem gibt es da dieses Unwohlsein mit diesem Planeten, das uns eben sagt, dass etwas nicht in Ordnung ist: „Du fühlst es schon Dein ganzes Leben lang, dass mit der Welt etwas nicht stimmt. Du weißt nicht was, aber es ist da!" So Morpheus zu Neo/Mr. Andersen.
Danach bringt ein außer Kontrolle geratenes Programm im Laufe der drei Teile die gesamte digitale Welt unter seine Herrschaft. Dieser ehemalige Agent hat die Fähigkeit entwickelt, alle Menschen durch Hand-in-den-Körper-stecken zu einem Ebenbild seiner selbst zu machen.
Selbst die Maschinen, die den Agenten geschaffen hatten, kamen nicht mehr an ihn heran. Deshalb handelt Neo/Mr. Andersen mit ihnen aus, dass er gegen den Agenten kämpfen würde. Wenn er gewinne, würden die Maschinen die bereits befreiten Menschen in Ruhe lassen. Dazu lässt er sich zurück in die Matrix bringen. Im Endkampf tritt Neo/Mr. Andersen also gegen den Agenten an, der umgeben ist von Millionen Menschen, die alle aussehen wie der Agent. Nach einem erbitterten Kampf wird klar, keiner kann den anderen besiegen. Also gibt Neo/Mr. Andersen dem Agenten die Möglichkeit die Hand in ihn zu stecken. Dieser ist erstaunt – und für einen Moment hoch erfreut. Neo/Mr. Andersen verwandelt sich kurzfristig in die Gestalt des Agenten. Dann merkt der Agent, dass er doch verloren hat und explodiert. Alle Menschen verwandeln sich zurück in ihre ursprünglichen Wesen und alles ist wieder wie vorher.
Was war passiert? Neo/Mr. Andersen ist über den Hauptcomputer mit den herrschenden Maschinen verbunden – übrigens liegt er außerhalb der Matrix während des Kampfes in Kreuzeshaltung. Als der Agent

seine Hand in ihn steckt, haben die Maschinen Zugang zum ehemaligen Agenten und können sein Programm überschreiben, der Agent wird ausgelöscht.
Was für Leser, die kein Science-Fiction oder Fantasy mögen, etwas merkwürdig klingt, ist einfach nur die Geschichte von Sünde und Kreuzigung anders erzählt. Die Welt ist aus den Fugen geraten. Der Tod hat die Herrschaft übernommen (der Agent), keiner hat Kontrolle über ihn, noch nicht einmal der Erschaffer (die Maschinen – letztendlich aber schwierig mit Gott vergleichbar). Deshalb muss jemand dagegen kämpfen (Neo/Mr. Andersen). In dem Moment, in dem scheinbar der Tod gewonnen hat (während der Agent die Hand in ihn steckt) – also bei Jesu Tod am Kreuz – wurde er besiegt, die Oberhoheit zurückgewonnen. Erst, nachdem der Agent in Matrix Revolutions besiegt ist, kehrt wieder Leben auf die Erde zurück und kann wieder die Sonne scheinen.
Selbstverständlich hat jedes Beispiel seine Grenzen – und die Matrix-Trilogie ist keine rein filmische christliche Erzählung mit den Mitteln des Science-Fictions (so sind die Maschinen böse und müssen erst noch von Neo/Mr. Andersen überredet werden, dass er in die Matrix geschickt wird). Nach dem Endkampf sagen die Maschinen „Es ist vollbracht!" Aber die Übertragung ist deutlich. Die Kreuzigung musste sein, um die Erlösung für die Welt zu bringen. „Zion ist gerettet" sagt ein Soldat, nachdem der Agent besiegt ist. (Zion ist im Film der einzige Ort außerhalb der Matrix, an dem die Maschinen nicht das Sagen haben, der Rückzugsort der Widerstandskämpfer. In der Bibel ist Zion ein Synonym für den Wohnort Gottes.) Neo/Mr. Andersen ist mit dem Agenten gestorben, aber – so am Schluss des Films – die Menschen werden ihn am Ende wiedersehen. Seine Auferstehung steht also bevor.
Friedrich Nietzsche schreibt in seinem Hauptwerk „Also sprach Zarathustra" über den Denker Zarathustra. Dieser steigt zu den Menschen hinab – und besiegelt dadurch seinen Untergang. Jesus steigt auch zu den Menschen hinab. Aber während Nietzsches Zarathustra daran zerbricht wird Jesus nur stärker, wie Neo/Mr. Andersen in Matrix 3 (Revolutions). Jesus ist für uns ans

> Kreuz gegangen – wie Neo/Mr. Andersen in die Matrix zurückkehrte und den Agenten besiegt, sich opfert – damit wir Menschen das Gericht hinter uns lassen können.

Warum braucht es neben der Kreuzigung noch die Auferstehung? Die Auferstehung war die Bestätigung und Ausrufung des Sieges über den Tod. Durch die Auferstehung wurde mit „Vollmacht erklärt, dass er der Sohn Gottes ist, und öffentlich bestätigt, dass sein Sünden tragender Tod für die Vergebung der Sünden wirksam gewesen ist", so John Stott in seinem Buch „Das Kreuz" (2009). Auferstehung bewirkt nicht unsere Befreiung von der Sünde, sondern bringt uns die Gewissheit darüber. Der reformierte Theologe Karl Barth entfaltet in seinem Hauptwerk „Kirchliche Dogmatik" (1932 bis 1968) die Auferstehung Jesu setze als neue, nicht aus dem Kreuz ableitbare, nicht erwartbare Tat die Versöhnung Gottes mit der Welt überhaupt erst in Kraft.

Der Apostel Paulus misst dem Doppelereignis Tod und Auferstehung eine herausragende Stellung bei. Beide Ereignisse gehören unbedingt zusammen. Für den wichtigsten Ausleger der in den Evangelien beschriebenen Geschehnisse sind Tod und Auferstehung Jesu sogar das Zentrum der Christologie. Diese hohe Bedeutung von Tod und Auferstehung von Jesus hängt bei Paulus vor allem mit seiner Lehre von der Rettung zusammen. Der Tod Jesu ist das entscheidende Merkmal des Menschseins und der Niedrigkeit Jesu. Er ist die äußerste Konsequenz seiner Sendung und seines Lebens auf der Erde, was in seiner Auferstehung durch Handeln Gottes seine Ergänzung, sein „Gegenüber" findet. Im Römer 4 und 8 heißt das so: „Auch uns wird der Glaube angerechnet werden. Denn der Gott, auf den wir unser Vertrauen setzen, hat Jesus, unseren Herrn, von den Toten auferweckt – ihn, der wegen unserer Verfehlungen dem Tod preisgegeben wurde und dessen Auferstehung uns den Freispruch bringt." Und: „Ist da noch jemand, der sie verurteilen könnte? Jesus Christus ist doch für sie gestorben, mehr noch: Er ist auferweckt worden, und er sitzt an Gottes rechter Seite und tritt für uns ein." Nur durch die Auferstehung kann Jesus seine Bestätigung und Machtfülle als Verteidiger im Gericht ausüben.

Das Heilsereignis des Kreuzes und das der Auferstehung sind unlösbar in Einheit verbunden. Kreuz und Auferstehung stehen zueinander wie Frage und Antwort, von Rätsel und Deutung. Erst die Osterauslegung des Kreuzes hebt das Ende Jesu über die Zufälligkeiten und Fragwürdigkeiten der Geschichte hinaus und macht es zu einem Heilsereignis. Mit der Auferweckung vollendet Gott eben sein Erlösungswerk durch Jesus. Beides gehört zusammen: Tod und Auferstehung. Es sind zwei Seiten einer Medaille. Das eine wäre ohne das andere nur die Hälfte des Auftrags, den Jesus auf der Erde hatte: Die Menschen mit Gott zu versöhnen. Deutlich wird dies unter anderem in den bereits zitierte Römer-Stellen, aber auch im Auferstehungs-Kapitel in 1. Korinther 15: „Und wenn Christus nicht auferstanden ist, ist euer Glaube eine Illusion; die Schuld, die ihr durch eure Sünden auf euch geladen habt, liegt dann immer noch auf euch." Der direkte Zusammenhang zwischen persönlicher Errettung und Auferstehung von Jesus erfolgt dann noch einmal sehr deutlich im Römer 10: „Wenn du also mit deinem Mund bekennst, dass Jesus der Herr ist, und mit deinem Herzen glaubst, dass Gott ihn von den Toten auferweckt hat, wirst du gerettet werden. Denn man wird für gerecht erklärt, wenn man mit dem Herzen glaubt; man wird gerettet, wenn man den Glauben mit dem Mund bekennt."

Wer über Erlösung durch Jesus Christus spricht, darf deshalb über persönliche Errettung nicht schweigen. Das Neue Testament spricht einerseits von einer grundsätzlichen

Erlösung der Welt (Offenbarung 21). Klar wird aber auch, dass die Menschen sich individuell entscheiden müssen.
Und in 1. Petrus 3 wird – in Bezug auf die Taufe – noch einmal klipp und klar beschrieben, dass Rettung nur durch die Auferstehung möglich ist: „Denn bei der Taufe geht es nicht um etwas Äußeres, das Abwaschen von körperlichem Schmutz. Sich taufen zu lassen bedeutet vielmehr, Gott um ein reines Gewissen zu bitten. Und dass die Taufe uns rettet, verdanken wir der Auferstehung von Jesus Christus."

Für Fantasy-Fans
In der Matrix-Trilogie wird Erlösung einerseits durch die grundsätzliche Erlösung am Ende durch den Sieg über den Agenten angedeutet. Andererseits muss aber trotzdem jeder einzelne Mensch aus der Energie-Fabrik herausgeholt werden und sich dann entscheiden, ob er für immer unwissend in der Matrix bleiben oder davon frei werden will. (Im Matrix-Film durch die berühmte Szene dargestellt, als Morpheus Neo/Mr. Andersen die rote und die blaue Pille anbietet.) Man muss es sich gut überlegen, was man möchte – beides bleibt nicht ohne Folgen!

Das griechische Wort für „erlösen" bedeutet übrigens „loskaufen". Der Begriff wurde speziell in Bezug auf den Kauf der Freiheit für einen Sklaven gebraucht. Die Anwendung dieses Begriffs für den Tod Christi am Kreuz ist recht eindrucksvoll. Wenn wir „erlöst werden", war unsere frühere Stellung demnach die eines Sklaven. Gott hat unsere Freiheit erkauft und wir sind nicht mehr Sklaven der Sünde. Wir sind frei.

Literatur-Tipp
Ulrich Parzany: Christ. Glauben. Leben (2012).

Frei sind wir auch, weil der Tod durch die Auferstehung besiegt wurde. Beim Thema Tod wird gerne der griechische Philosoph Epikur (gestorben 270 vor Christus) mit diesen Worten zitiert: „So ist also der Tod, das schrecklichste der Übel, für uns ein Nichts: Solange wir da sind, ist er nicht da, und wenn er da ist, sind wir nicht mehr. Folglich betrifft er weder die Lebenden noch die Gestorbenen, denn wo jene sind, ist er nicht, und diese sind ja überhaupt nicht mehr da." Auch wenn Epikur den Menschen damit nur den Tod leichter machen wollte, sein Ansatz springt doch zu kurz. Denn vor dem Tod kommt oft noch das Sterben, die Fragen, was kommt danach, was könnte danach kommen. Deshalb haben viele Menschen auch Angst vor dem Sterben. Wie wir damit fertig werden, ist uns oft wichtiger, als wie wir den Tod besiegen. „Sokrates überwand das Sterben. Christus überwand den Tod. Mit dem Sterben fertig zu werden, bedeutet noch nicht, mit dem Tod fertig zu werden. Die Überwindung des Sterbens ist im Bereich menschlicher Möglichkeit. Überwindung des Todes heißt Auferstehung." So sagt es der christliche Theologe und Märtyrer Dietrich Bonhoeffer. Und weiter: „Nicht von der Kunst des Sterbens, sondern von der Auferstehung Christi her kann ein neuer, reinigender Wind in die gegenwärtige Welt wehen."

Seit Jahren sammele ich Karten mit lustigen Sprüchen drauf. Nicht zum Verschicken, zum Besitzen. So etwa die von Che Guevara „Seien wir realistisch, fordern wir das Unmögliche" oder von Karl Valentin „Es ist schon alles gesagt, aber noch nicht von allen". Bei einer guten Freundin sah ich an der Pinnwand einen anderen Spruch: „Am Ende wird alles gut – wenn es noch nicht gut wird ist es noch nicht das Ende." Angeblich von Oscar Wilde. Würde gut zu ihm passen. Der Spruch stimmt jedenfalls. In 1. Korinther 15 steht, dass, wenn wir als vergängliche Menschen, wenn also unser vergänglicher

Körper nach dem Tod von Gott einen unvergänglichen Körper verpasst bekommt, einen Körper, der ewigkeitsfit ist, wenn also das passiert, dann gehe die Aussage in Erfüllung: „Der Tod ist auf der ganzen Linie besiegt!" Wörtlich steht hier: Der Tod wurde verschlungen, im Sinne von „vernichtet, ersäuft".
Michael Herbst nennt die Auferstehung das Waterloo des Todes. Ostern bedeutet Befreiung von Tod und Teufel. Die Macht, die die Welt tyrannisiert hat, ist besiegt. Der Tod hat daher keine Macht mehr über uns! Eigentlich hätten wir alle die endgültige und ewige Trennung von Gott verdient, aber durch Jesus ist diese Trennung vorbei.
Dadurch können wir uns über den Tod lustig machen, wie es eine moderne Übertragung von 1. Korinther 15 anschaulich tut: „Tod, was ist nun mit deinem Sieg? Tod, wie willst du uns jetzt noch Angst machen?" In der russischen Tradition gibt es das „Osterlachen". Die Gemeinde lacht den Tod aus – weil Jesus ihn besiegt hat und der Tod nun keine Macht mehr hat.
Oft wird Leid als Problem Gottes gesehen. Die Theodizee-Frage beherrscht die Debatte über den christlichen Gott: Wie kann eine liebender Gott Leid zulassen? Letztendlich gibt es für das Leid auf der Welt keine adäquate Antwort – aber eine Lösung! Und das liegt an Jesus, seiner Kreuzigung und Auferstehung. Die Menschheit (und die ganze Welt mit ihr) können erlöst werden. Paulus schreibt im Römer 4 davon, dass Jesus wegen der Sünde der Menschen sterben musste und er auferweckt wurde, damit wir wieder zu Gott kommen können. (An vielen weiteren Stellen im Neuen Testament wird hierauf eingegangen.)

> *Literatur-Tipp*
> Wer sich für Leid interessiert, dem empfehle ich Timothy Keller „Gott im Leid begegnen" (2015) und Lee Strobel in seinem Büchlein „Warum?: Wie kann ein liebender Gott Leid zulassen?" (2000).

> *Auferstehung von Jesus: was sie für uns (noch) bewirkt*

Meine Frau hat sich häufig schwer getan mit ihrer Krebserkrankung, was leicht nachvollziehbar ist. Sie hatte schreckliche Schmerzen und den Tod vor Augen. Besonders drastisch wurde es aber, als nach einer kurzen Phase der Erholung am Tag nach Weihnachten die Nachricht kam: Der Krebs ist nicht besiegt, er hat Metastasen gebildet. Also ging die Therapie wieder von vorne los – und dieses Mal ohne größere Aussichten auf Erfolg. Kurz nach dieser niederschmetternden Nachricht schreibt Christine in ihr Tagebuch: „Lese in letzter Zeit einiges über den Himmel und frage mich, warum uns der Tod so schrecklich erscheint. Paulus schreibt „Christus ist mein Leben und Sterben mein Gewinn. Auch wenn ich wohl jung sterben muss, so habe ich viele Jahre glücklich gelebt und kann hoffentlich meine restliche Erdenzeit auch noch glücklich leben, um dann in Ewigkeit glücklich in Gottes Gegenwart zu leben. Wir wollen unser Leben, das wir einigermaßen kennen, in dem wir mehr oder weniger glücklich sind festhalten, und haben Angst, es gegen die Ungewissheit des Himmels einzutauschen, obwohl wir hoffen und glauben, dass es uns dort viel besser geht und wir endlich in so enger Gemeinschaft mit Jesus leben können, wie wir es uns immer gewünscht haben. Dabei gibt es in der Bibel so viele Hinweise, wie es im Himmel sein wird." Wenig später – nach einer schlimmen Phase des Leidens – trug sie noch ein: „Kann mich immer mehr auf den Tag freuen, an dem ich für immer in noch viel engerer Gemeinschaft mit ihm [Jesus] leben werde als jetzt, an dem ich ihn sehen werde von Angesicht zu Angesicht und alle Ungewissheit ein Ende hat."

Der Nobelpreisträger und französische Philosoph Albert Camus meint dagegen, angesichts des Todes sei das Leben absurd. Als ich meine Philosophie-Seminararbeit darüber schrieb, war ich von der atheistischen Konsequenz beeindruckt – und von den Folgen daraus entsetzt. Ich bin so stolz auf Christine, dass sie mit dem Tod vor Augen zu solchen tiefen und getragenen Gedanken fähig war. Ich bin immer noch beeindruckt. Solche Blicke in die Zeit nach dem Tod sind der einzige Umgang, der einem wirklich weiterhilft.

Es gibt Christen, bei denen spielt die so genannte Endzeit eine große Rolle. Damit zusammen hängt die Vorstellung, Gott würde am Ende der Zeit die Christen zu sich in den Himmel holen. In der Offenbarung des Johannes – dem letzten Buch der Bibel und über die letzten Geschehnisse, besonders die beiden (wie könnte es anders sein) letzten Kapitel – wird ein anderes Bild gezeichnet: Gott macht alles neu – und der Himmel kommt auf die Erde!

Für Fortgeschrittene

N. T. Wright meint, Himmel sei in der Bibel keine zukünftige Bestimmung, sondern die andere, verborgene Dimension unseres ganz normalen Lebens – Gottes Dimension, wenn man so will. Der Himmel kommt in Offenbarung 21/22 auf die Erde, beide Dimensionen werden dann eins.

Jesus kommt jedenfalls wieder und macht alles (wirklich alles!) neu. Das geht aber nur, weil er nicht tot blieb, sondern auferweckt wurde.

Nach dem Tod seiner Mutter meinte unser damals Dreieinhalbjähriger: „Papa, mit Jesus ist das anders, als mit meiner Mama. Jesus ist nach dem Tod wieder auferstanden. Die Mama bleibt im Grab." Genau so ist es. Und trotzdem wird glücklicherweise auch die Mama einmal auferstehen. Nämlich dann, wenn Jesus wiederkommt. Bei Paulus heißt das im Auferstehungskapitel in 1. Korinther 15 so: „Christus ist von den Toten auferstanden! Er ist der Erste, den Gott auferweckt hat, und seine Auferstehung gibt uns die Gewähr, dass auch die, die im Glauben an ihn gestorben sind, auferstehen werden. Der Tod kam durch einen Menschen in die Welt; entsprechend kommt es nun auch durch einen Menschen zur Auferstehung der Toten. Genauso, wie wir alle sterben müssen, weil wir von Adam abstammen, werden wir alle lebendig gemacht werden, weil wir zu Christus gehören. Aber das geschieht nach der von Gott festgelegten Ordnung. Zuerst ist Christus auferstanden. Als nächstes werden, wenn er wiederkommt, die auferstehen, die zu ihm gehören. Und dann wird Christus die Herrschaft Gott, dem Vater, übergeben – dann, wenn er allen gottfeindlichen Mächten, Kräften und Gewalten ein Ende bereitet hat; dann ist das Ziel erreicht. [...] Der letzte Feind ist der Tod, aber auch ihm wird schließlich ein Ende bereitet".

Weil Jesus auferstanden ist, hat er die Macht, wieder zu kommen und die an ihn Glaubenden zu sich zu holen. Was für eine großartige Vorstellung! Die erste Auferstehung von Jesus geschah zwar in der Vergangenheit, reicht aber in die Gegenwart (dazu in den nächsten Kapiteln mehr) und dehnt sich bis in das Ende der Zukunft.

Als Jesus am Ostermorgen auferstand war er – wie es wieder einmal N. T. Wright unübertroffen ausdrückt – der Anfang der neuen Welt des Schöpfers, ihr Pilotprojekt, ja: ihr Pilot. Und weil Jesus körperlich auferstand, werden wir auch körperlich auferstehen. Jesus wurde nicht wiederbelebt, er bekam einen neuen Körper, einen realen obendrein. Gott zum anfassen. Ein Leben von neuer, ewiger Qualität. Jesu Auferstehung war etwas ganz Neues – war der Ausbruch in eine ganz neue Art des Lebens, ein „Mutationssprung" (Joseph Ratzinger/Benedikt XVI.). Wir werden einmal keine Geistwesen sein, die auf einer Wolke schweben werden (und, wie bei Ludwig Thoma in seinem Stück „Der Münchner im Himmel", die ganze Zeit Halleluja singen).

„Mama ist jetzt im Himmel", auf diese Aussage habe ich mich mit den Erzieherinnen der Kita meiner beiden Buben geeinigt, wenn sie auf die eben verstorbene Mutter angesprochen werden. „Himmel", so ein Wort, mit dem man kleinen Kindern große Fragen erklärt – beziehungsweise besser gesagt: ausweicht. Ist das so?
Meine Lieblingswitze sind diese von Radio Eriwan. Anscheinend waren sie in der DDR sehr beliebt. (Eriwan lag bis 1991 in der Sowjetunion und ist heute die Hauptstadt von Armenien. Nur für diejenigen, die das – wie ich – nachschlagen müssen.) „Frage an Radio Eriwan: Was war zuerst da, Himmel oder Hölle. Antwort: Früher gab es beides!" – Heute glaubt keiner mehr daran. Trotzdem wird der Himmel einmal Realität für Christus-Glaubende. Jesus hat den Weg durch seine Auferstehung frei gemacht.
Nun gibt es eine ganze Menge Vorstellungen davon, wie es einmal dort sein wird. Viele haben sich – wie besagter Ludwig Thoma – über den Himmel lustig gemacht. Manche meinen sogar, dort sei es langweilig, deshalb wollten sie doch nicht hin. Die interessanten Menschen seien schließlich auch in der Hölle. (Dieses Argument wird übrigens vom englischen Literaturwissenschaftler C. S. Lewis in seinem kurzen Klassiker „Die große Scheidung" (1945) wunderbar widerlegt.) In Offenbarung 21/22 am Anfang wird viel darüber geschrieben, wie genial großartig es sein wird. Vieles klingt für Leser befremdlich und kitschig. Aber man merkt, wie der Seher Johannes mit Worten ringt und nicht richtig beschreiben kann, was er sieht. (So muss es übrigens auch dem Urwaldstamm in Brasilien ergangen sein, der vor ein paar Jahren von Forschern mit dem Hubschrauber entdeckt wurde. Was haben sie wohl ihren Nachfahren über Hubschrauber erzählt – die sie übrigens verzweifelt mit Pfeil und Bogen beschossen haben?)

Das wichtigste über den neuen Himmel auf der neuen Erde in Kürze: Kein Leid, kein Böses, direkt bei Gott, alles gut – keine Langeweile, das Beste vom Besten! Und noch einmal C. S. Lewis, dieses Mal im siebten und letzten Band der Narnia-Chroniken. Dieses endet damit, dass die Hauptprotagonisten Aslan, dem Löwen (quasi Jesus), begegnen und dieser ihnen eröffnet, dass sie bei einem Eisenbahnunglück gestorben sind. Dann folgt: „Die Schule ist aus, die Ferien haben begonnen. Der Traum ist zu Ende, der Morgen ist da. ... Hier endet für uns diese Geschichte. Wir können nur noch sagen, dass sie alle weiterhin glücklich lebten in Narnia. Für sie in Narnia aber war es nur der Anfang der wahren Geschichte. Ihr ganzes Leben in dieser irdischen Welt und alle ihre Abenteuer in Narnia waren nur der Umschlag und das Titelblatt gewesen. Nun erst begannen sie das erste Kapitel der großen Geschichte, die noch keiner auf Erden gelesen hat, der Geschichte, die ewig weitergeht und in der jedes Kapitel besser ist als das vorausgegangene." So stell ich es mir vor: Mein Leben als Umschlag/Titelblatt – und danach geht die Ewigkeit bei Gott los – und jedes Kapitel ist besser als das vorausgegangene!

Unterstrichen wird dies mit einer Formulierung im Paulus-Brief an die Kirchengemeinde in Philippi (Kapitel 3). Dort steht, dass der Himmel unsere wirkliche Heimat sei. Im Deutschen hängen die Worte Heimat und Himmel sprachlich zusammen. Der Himmel – der Wohnort Gottes und der Wohnort der Erlösten – ist für uns gemacht.

Weil Fantasy beim Thema Himmel hilfreich sein kann, hier gleich ein weiteres Beispiel aus dem Genre: Im ersten Harry Potter-Band „Harry Potter und der Stein der Weisen" will der Besitzer seinen „Stein der Weisen" vernichten. Dann kann der, dessen Name nicht genannt werden darf, also Lord Voldemort, ihn nicht bekommen. Da der Stein dafür sorgt, dass der

Besitzer nicht stirbt, fragt Harry Potter seinen Mentor Professor Dumbledore ganz entsetzt: „Aber dann stirbt doch der Besitzer?" und der weise Lehrer antwortet: „Für einen gut vorbereiteten Geist geht es nach dem Tod erst richtig los." Was für eine Aussage in einem Kinderbuch. Die Antwort auf die Frage was es heißt, dass es „nach dem Tod geht erst richtig losgeht" haben wir eben schon gesehen. Was aber bedeutet „gut vorbereitet"?

Diese Frage stellen sich auch die Peanuts – und wie so oft, bringt es der Autor und Zeichner Charles M. Schulz wieder einmal auf den Punkt: Linus erzählt seinem Freund Charlie Brown: „Mein Großvater ist in letzter Zeit sehr deprimiert. Er weiß einfach nicht mehr, was er machen soll. Er sagt, das Spiel sei fast zu Ende, und es komme ihm so vor, als hätte er verloren." Antwortet ihm Charlie: „Sag ihm, er soll mit dem Schiedsrichter sprechen." Der sich auf den Tod vorbereitende Großvater soll also mit Gott sprechen. So heißt es in 1. Johannes 1: „Wenn wir behaupten, ohne Sünde zu sein, betrügen wir uns selbst und verschließen uns der Wahrheit. Doch wenn wir unsere Sünden bekennen, erweist Gott sich als treu und gerecht: Er vergibt uns unsere Sünden und reinigt uns von allem Unrecht, das wir begangen haben."

In der Hinführung zu diesem Abschnitt wurde dieses Kapitel theologisch mit Eschatologie bezeichnet, also der Lehre von den letzten Dingen. Die erste Auferstehung ist das eschatologische Ereignis schlechthin! Die Auferstehungswirklichkeit ist schon das Eschaton. Alle letzten Dinge haben ihren Grund in dem Auferstandenen und stehen mit ihm in Verbundenheit. Vom Letzten reden, heißt von der Bedeutung der Auferstehung Jesu sprechen, die auch die Geschichte in ihr Licht rückt. Die himmlische Zukunft hat also schon vor 2000 Jahren begonnen.

> *Auferstehung von Jesus: was wir tun sollen*

In seinem bahnbrechenden Bändchen – mit dem, wie mein Philosophie-Professor in Dublin ironisch anmerkte, bestsellerverdächtigen Titel – „Tractatus logico-philosophicus" schreibt Ludwig Wittgenstein nach 115 Seiten als letzten Satz „Wovon man nicht sprechen kann, darüber muss man schweigen." Bei der Auferstehung scheint es sich mir genau anders herum zu verhalten: Weil man von der Auferstehung Jesu sprechen kann, darf man nicht schweigen. Diese Botschaft von Jesus und seiner Auferstehung ist zu gut, als dass wir sie für uns behalten sollten. Sie muss raus, unter die Leute, erzählt werden. Das nennt man „Mission" – Sendung.

Für Fortgeschrittene/Literatur-Tipp

Wer sich generell für Mission interessiert, dem empfehle ich unter anderem von John Stott „Gesandt wie Christus. Grundfragen christlicher Mission und Evangelisation" (1982). Hier nur noch ein Satz als Grundlage von Mission: Gott wendet sich zuerst dem Menschen zu, dass ist der Anfang der Bibel, nicht der Missionsbefehl, Gott ist selbst missionarisch!

Jesus sandte seine Jünger nach der Auferstehung zu den Menschen, um das Evangelium (die frohe Botschaft) weiterzuerzählen. Jesus hat bei seinen Begegnungen mit seinen Freunden eben nicht zu ihnen gesagt: „Dies ist der Beweis, es gibt ein Leben nach dem Tod – und Ihr werdet auch dort hinkommen. Freut Euch auf den Himmel!" Sondern (Matthäus 28, aber so ähnlich auch in den anderen drei Evangelien): „Geht hin in alle Welt und verkündet das Evangelium."

Die ersten Christen bekamen einen Auftrag, keine Post-Mortale-Daseinsbeschreibung. Jesus versprach seinen Nachfolgern nach Ostern kein tolles Leben ohne Leid und

Schmerz. Er gab ihnen im Gegenteil: Arbeit! Jesus will seine Nachfolger wirken lassen – und wirkt durch sie, durch uns. Das ist kein Zufall.

Und wieder ist es ein Text aus dem großen und großartigen 1. Korinther 15, der uns hier auf die richtige Fährte lockt: „Setzt euch unaufhörlich und mit ganzer Kraft für die Sache des Herrn ein!" In der bereits zitierten modernen Übertragung heißt es: „Gebt alles für die Sache von Jesus!" Jesus wollte und will, dass wir hin-gehen und von seiner froh machenden Botschaft, seiner glücklich machenden Tat weiter sagen.

Es wäre egoistisch, diese frohe Botschaft vom Himmel einfach für sich zu behalten. Ich habe einmal den Vergleich gehört: Nicht von Jesus und der Möglichkeit, einmal bei ihm zu sein, weiterzusagen, ist wie einem Verdurstendem nichts von der Wasserquelle hinter der nächsten Düne zu erzählen. Auferstehung umfasst auch das, was Gott durch uns tut, nicht nur, was er in und für uns tut. Ostern und seine Botschaft von Jesus und seiner Welt verpflichtet. Auferstehung bedeutet deshalb auch: Weitersagen, weiter-leben!

Mission, das ist auch wieder so ein Wort – es kann abschrecken und viele haben konkrete Bilder im Kopf. Natürlich heißt Mission auch (und vor allem), das Evangelium weiterzusagen. Reden in Wort und Schrift ist schließlich nach wie vor die einfachste und eindeutigste Art der menschlichen Kommunikation. Trotzdem bin ich mir vollumfänglich bewusst, wie herausfordernd das heutzutage ist. Außerdem ist das Gespräch nicht jedermanns Ding. Wichtig an dieser Stelle ist einfach der Gedanke, dass man sich dazu welche machen muss – und dann in die Tat umsetzt.

Literatur-Tipp

Wer sich mehr für Mission am Arbeitsplatz interessiert, dem empfehle ich von Mark Greene „Der Fischteich im Büro. Unkonventionelle Evangelisationsmethoden für die

5 längsten Tage der Woche" (1999) und Timo Plutschinski „Büro mit Aussicht. Glauben leben im Berufsalltag" (2012).
Bill Hybels beschreibt in seinem Buch „Bekehre nicht – lebe!: So wird Ihr Christsein ansteckend" (1995) sehr schön die verschiedenen Typen von Menschen und ihre Gaben in Punkto Mission.

Was macht das Wissen um die Auferstehung, den Himmel und die Himmelszugehörigkeit noch mit mir? C. S. Lewis beschließt sein Buch „Über den Schmerz" (1940) mit einem Kapitel über den Himmel, welches mit den Worten beginnt: „Wir sind heutigentags sehr schüchtern, den Himmel auch nur zu erwähnen. Wir fürchten uns vor dem Spott über die Kuchen im Himmel. Wir hören sehr ungern den Vorwurf, wir suchten uns zu drücken vor der Pflicht, hier und jetzt eine bessere Welt zu schaffen und träumten stattdessen von einer glücklichen Welt anderswo." Lewis spricht hier eine der Fallen an, die man beim Weitererzählen unserer Himmelsvorstellung haben kann. Vielleicht ist es nur einfach peinlich, davon zu erzählen? – Dabei gibt es so vieles, worüber man reden kann. Gespräche sollten sowieso mit einem persönlich beginnen. Die Auferstehung, Jesus und ich...

Mein absolutes Lieblings-Comic ist das über den sechsjährigen Jungen Calvin und seinen Stoff-Tiger Hobbes, der in der Phantasie von Calvin zum Leben erwacht. Die beiden führen lustige Diskussionen, aber auch sehr tiefschürfende und nachdenkliche. Beim Überstockundsteinspringen fragt Calvin seinen Tiger: „Hobbes, glaubst Du, unsere Tugend zeigt sich in unseren Taten oder daran, wie´s in unserem Herzen aussieht?" Hobbes: „Ich glaube, unsere Taten zeigen, wie´s in unserem Herzen aussieht." Calvin bleibt stehen, schaut verdutzt und schreit dann hinaus: „DAS MISSFÄLLT MIR!" Glauben, reden und leben gehören zusammen. Merken wir und andere die Auferstehung an uns, die Hoffnung, die wir dadurch haben? Es gibt da noch diesen Spruch: „Es gibt fünf Evangelien: Matthäus, Markus, Lukas, Johannes und das Leben der Christen. Die meisten Menschen lesen die ersten vier nie."

Durch die erste Auferstehung ergibt sich eine Verantwortung für die Auferstehungs-Gläubigen. Verantwortung für die Welt, in der wir leben. Dies umschließt auch das persönliche Verhalten eines jeden einzelnen. Verantwortung auch für die Menschen um uns herum, aber auch für die Erde, auf der wir leben. Klar, sie wird von Gott neu gemacht – aber keiner weiß, wie lange wir noch mit ihr auskommen müssen. Neulich habe ich mir ein Frühstücksbrettchen gekauft. Aufdruck: „Rettet die Erde. Sie ist der einzige Planet mit Schokolade." Sie ist dabei nicht nur der einzige Planet mit Schokolade, sie ist auch der einzige Planet mit uns Menschen.

Das immer und immer wieder von mir bemühte 15. Kapitel an die Korinther endet mit den Worten: „Ihr wisst ja, dass das, was ihr für den Herrn tut, nicht vergeblich ist." Egal, wie es auch aussehen mag, unser Einsatz lohnt sich – so, wie sich der von Jesus auch ausgezahlt hat. Trotzdem kommt es auch mir immer wieder vor, als ob vieles von dem, was ich für Jesus mache – im besten Falle – gelegentlich was bringt. Deshalb ist der Hinweis von Paulus ganz am Ende eben so wichtig, dass unser Engagement sinnvoll ist. In der lateinischen Bibel heißt es da „non frustra". Wir setzen unser Leben ein für Jesus und sollen und lassen uns nicht frustrieren.

Während meines Studiums habe ich ein Semester lang mit einem Studienkollegen einen christlichen Büchertisch vor der Mensa meiner Uni betreut. Ein Mal die Woche drei Stunden Einsatz. Gelegentlich kam ich mit Kommilitonen ins Gespräch, meistens war es eher wenig vergnügungssteuerpflichtig. Nach einem Semester haben wir damit auch wieder aufgehört.

Etliche Jahre später erzählte mir dann jemand, dass diese Begegnung am Büchertisch mit ein Anstoß für einen Bekannten wurde, sich mit Jesus auseinander zu setzen und Christ zu werden. Es passiert also mehr, als man so denkt. Und selbst, wenn man nie wieder etwas hört, es war und ist niemals vergeblich. Nichts ist vergeblich – kein Gebet, kein Gespräch, kein Einsatz für Jesus!

Weil Jesus auferstanden ist, und weil wir wissen, dass seine neue Welt kommt, setze ich mich ein – in dieser Welt, für diese Welt, für die Menschen dieser Welt – und will mich nicht frustrieren lassen! – Das ist das Ergebnis von Ostern – und lässt Ostern in meinem Leben Wirklichkeit werden!

Drei Jahre lang habe ich als Christenfunktionär – wie ich mich selbstironisch beschrieb – in der Arbeit mit Studierenden gewirkt. Dem gingen viele Jahre während des Studiums und der Promotionszeit ehrenamtlich voraus. Wenn ich eines in der Zeit gelernt habe, dann ist es dies: Mission aus eigener Kraft ist zum verzweifeln, sie funktioniert schlicht nicht. Jesus wusste das auch schon. Deshalb ging seine Geschichte nach der Auferstehung auch noch weiter, nämlich mit der Himmelfahrt. (Auch an dieser Stelle bitte wieder alle Bilder, die man aus einschlägigen Filmen – auch sehr christlichen – kennt, aus dem Kopf verbannen!) Jesus verließ mit seinem neuen Körper die Erde – und ließ uns aber nicht allein zurück. Der Heilige Geist ist an unserer Seite geblieben. Mission ist das Ausleben der Auferstehung in der Kraft des Geistes, den er uns nach Auferstehung und Himmelfahrt hinterlassen hat.

Mit die beliebtesten Verse aus der Bibel stehen fast direkt hintereinander in Matthäus 28: „Mir ist alle Macht im Himmel und auf der Erde gegeben." Und: „Ich bin jeden Tag bei euch, bis zum Ende der Welt." Wunderbare Zusagen – der Mittelteil wird dabei aber häufig ausgelassen. Beide Aussagen von Jesus über Jesus stehen in diesem Kontext: „Darum geht zu allen

Völkern und macht die Menschen zu meinen Jüngern; tauft sie auf den Namen des Vaters, des Sohnes und des Heiligen Geistes und lehrt sie, alles zu befolgen, was ich euch geboten habe." Jesus hat alle Macht – wir sollen Menschen von Jesus erzählen – Jesus ist dabei. Das ist der Dreiklang. Fast schon könnte man meinen, die Jesus-ist-bei-uns-Aussage bezieht sich nur auf die Missionstätigkeit...

> *Auferstehung von Jesus: was wir hier bekommen*

„Natürlich gibt es eine jenseitige Welt. Die Frage ist nur: Wie weit ist sie von der Innenstadt entfernt, und wie lange hat sie offen." Über diesen Satz von Woody Allen muss ich immer wieder schmunzeln. Woody Allen ist keiner, der an irgendetwas wirklich glaubt, Agnostiker halten es quasi für anmaßend, einer bestimmten religiösen Richtung den Zuschlag zu geben. Mit seiner Bemerkung macht er das deutlich. Klar wird dabei aber auch: Was hat „der Himmel" mit mir im Hier und Jetzt zu tun? Oder anders formuliert: Was bringt er mir, hat er Auswirkungen auf mein Leben vor dem Tod? Also wieder zurück zur Ausgangsfrage: Was habe ich heute davon, dass Jesus wirklich und wahrhaftig auferstand, Gott an ihm seine Macht gezeigt und sich zu ihm bekannt hat, dass Jesus der Retter der Welt ist – und mein persönlicher Erlöser obendrein –, wir einmal bei ihm sein werden, davon aber auch jetzt erzählen dürfen/können/sollen/müssen? Diese ganzen Erkenntnisse und Ergebnisse der Auferstehungs-Verkündigung im Neuen Testament haben Auswirkungen auf mein Leben als Mensch und Christ!
Es gibt Witzbolde, die fragen „Gibt es ein Leben vor dem Tod?" Manche Menschen antworten darauf: „Ja, aber nur mit dem auferstandenen Jesus." Nur mit Jesus verfehlt man sein

Ziel nicht. Nämlich das Ziel, welches Gott als Schöpfer den Menschen gegeben hat: In seiner Nähe zu leben.

In diesem Zusammenhang fällt mir ein Gedicht von Bertolt Brecht ein, auf das mich ein Freund gestoßen hat: „Gegen Verführung" heißt es – und geht so: „Lasst Euch nicht verführen!/Es gibt keine Wiederkehr/... Last Euch nicht vertrösten!/Ihr habt nicht zu viel Zeit!/Lasst Moder den Erlösten!/Das Leben ist am größten/Es steht nicht mehr bereit." Das beinhaltet die alte Stichelei manche Christen seien so himmlisch gesinnt, dass sie für die Erde nicht zu gebrauchen seien. Außerdem seien Christen Jenseitsvertröster und damit Verführer. Der Vorwurf ist durch das Verhalten mancher Jesus-Nachfolger sicherlich berechtigt – lässt sich aber nicht aus der Bibel ableiten.

Die beiden Freunde Johann Wolfgang Goethe und Friedrich Schiller waren sich darin einig: Der christliche Gott sei ein ziemlich unangenehmes Phantasma aus Angst und Schuldgefühlen, kein Gott der Heilung und des diesseitigen Lebens. Schiller in seinem Gedicht „Die Götter Griechenlands" (1788): „Da die Götter menschlicher noch waren/Waren Menschen göttlicher". Dem will ich entschieden widersprechen! Das Leben im Jenseits hat Auswirkungen auf unser Leben auf der Erde. Ich weiß noch, wie sehr ich mich darauf gefreut habe, endlich meine Freundin zu heiraten – nicht mehr hunderte Kilometer von ihr getrennt zu sein und all das. Jedenfalls hat diese Vorhochzeitsfreude bereits in mein unverheiratetes Leben hineingereicht. Zugegeben, unsere Auferstehung ist etwas abstrakter als eine Liebesbeziehung zu einem Menschen aus Fleisch und Blut. Insgesamt natürlich nur ein schwaches Bild, aber vielleicht hilft es etwas. Dazu Gotthold Ephraim Lessing in „Minna von Barnhelm" (1767): „Ein Vergnügen zu erwarten ist auch ein Vergnügen."

Es soll keine Jenseitsvertröstung sein, keine Diesseitsverleugnung, nach dem Motto: „Ach! Das Leben hier ist so fies und gemein zu mir, aber später werde ich einmal bei Jesus sein – und dann wird alles gut. Juchu." Sondern eher ein: „Juchu! Ich bin dann mal weg, im Himmel, bei Jesus! – Und weil das so klasse sein wird, mache ich doch auch gleich noch was aus meinem jetzigen Leben!"

Unser Heimat-Status im Himmel hat Auswirkungen auf die Erde. Wir haben eine Hoffnung für diese Welt! Die Bibel enthält vergleichswese wenige Stellen über den Himmel – aber viele Verhaltensvorschläge für die Erde. Und deshalb meint Martin Luther auch, dass er heute noch ein Apfelbäumchen pflanzen würde, wenn morgen die Welt unterginge.

Weil die Auferstehung innerhalb unserer Welt geschehen ist, liegen die Folgen (teilweise) auch darin! In 1. Johannes 1 schreibt der Verfasser, mit Jesus sei das Leben auf die Welt gekommen. Dadurch können auch wir wirklich leben. Dabei kann letztendlich nur Jesus als der Auferstandene heute in und für uns leben, da sein, uns helfen! Jesus hat immer wieder betont, dass der Himmel bereits mit ihm auf die Erde kam. Gottes Herrschaft auf der Erde ist durch die Auferstehung hier angebrochen – auch, wenn wir dies nicht immer und überall sehen. Der englische Theologe John Stott hat das mal das christliche Dilemma genannt, wir leben im „schon jetzt" und dem „noch nicht". (Ein Dilemma hat eben die unangenehme Eigenschaft, dass es nicht auflösbar ist. Das macht es so spannend – aber gelegentlich auch anstrengend.)

Die Auferstehung ist – wie ich schon anfangs geschrieben habe – der Wendepunkt der Geschichte. In Jesaja 43 steht „Seht her, nun mache ich etwas Neues. Schon kommt es zum Vorschein, merkt ihr es nicht?" Gott hat mit der Auferstehung etwas Neues geschaffen. Und wenn Gott etwas schafft, etwas kreiert, dann ist es nichts in der Mikrowelle Aufgewärmtes, nichts Repariertes, nichts, was uns heute nur neu vorkommt, aber früher schon mal da war.

Daran glaube ich: Jesus hat durch sein Leben, Sterben und Auferstehen nicht nur die Welt verändert, sondern auch mein Leben. Wenn nämlich Gott Jesus Christus von den Toten auferwecken konnte, kann er noch viel mehr. Er kann auch heute noch wirken.

Um es nun endlich ganz konkret zu machen, welche Wirklichkeiten meines Lebens werden von der Auferstehung umfasst? Ich denke dabei an die Kraft, mit Freude und Liebe durch das Leben zu gehen, außerdem immer mehr so zu leben, wie Jesus sich das vorstellt. Und wenn Zweifel kommen, Schicksalsschläge wie Leid und Tod auftauchen, dass ich mich weiter an Jesus festhalte. Abrunden möchte ich dann mit den äußeren Zeichen der Auferstehung: Taufe, Sonntag und Abendmahl.

„Ja, ich möchte Christus durch und durch kennen; ich möchte die Kraft, mit der Gott ihn von den Toten auferweckt hat, an mir selbst erfahren." So schreibt Paulus im dritten Kapitel an die Gemeinde in Philippi. Und der Theologe Karl Barth hat einmal gemeint, wer die Osterbotschaft gehört habe, der könne nicht mehr mit tragischem Gesicht herum laufen und die humorlose Existenz eines Menschen führen, der keine Hoffnung hat.

Persönlich finde ich das Thema nicht leicht. Paulus schreibt ja selbst, dass er die Kraft Gottes erfahren möchte – nicht, dass er sie selbst immer hat. Deshalb hat mir beim Nachdenken ein kleiner Umweg geholfen. Vor Jahren schon habe ich einmal etwas über Rudi Dutschke gelesen, was er, der spätere 68er-Revolutionär, Mitte der 1960er-Jahre in sein Tagebuch geschrieben hat: „Jesus ist auferstanden, Freude und Dankbarkeit sind die Begleiter dieses Tages; die Revolution, die entscheidende Revolution der Weltgeschichte ist geschehen, die Revolution der Welt durch die alles überwindende Liebe." Freude und Dankbarkeit über die Liebe Gottes, das ist der Schlüssel! „Danken schützt vor wanken, loben zieht nach oben" so habe ich es einmal in meiner christlichen Kinderstube gelernt.

Bei Rüdiger Safranski in „Wieviel Wahrheit braucht der Mensch? Über das Denkbare und das Lebbare" (1993) heißt es „Glaube heißt, auf Liebe mit Liebe zu antworten." So geht das, die Liebe be-greifen, für sich annehmen. Es gibt hier noch viel zu entdecken, es ist aber an dieser Stelle nicht der Ort, um es weiter auszuführen. Wichtig ist mir vor allem, dass das Prinzip verstanden wird. Wie dies konkret im Leben von Christen aussehen kann, sollte individuell herausgefunden werden.

Mich hat die Aussage von Rudi Dutschke wirklich begeistert. Und sie führt zu Kolosser 3: „Seid ihr nun mit Christus auferstanden, so suchet, was droben ist, wo Christus ist, sitzend zu der Rechten Gottes. Trachtet nach dem, was droben, nicht nach dem, was auf Erden ist." Das Verb „trachten nach" bedeutet einen fortlaufenden Vorgang tun: „Hört nicht auf, nach dem Himmel zu trachten". Mit der Auferstehungs-Hoffnung leben – davon profitieren!

In meiner Kindheit habe ich nahezu alle Karl-May-Bände gelesen, besonders gerne die mit Winnetou und Old Shatterhand. Die waren immer jemandem auf der Spur. Sie haben sich dabei immer geschickt angestellt, sie haben sich angeschlichen, alle Kleinigkeiten ernst genommen und interpretiert. Wenn Winnetou und sein weißer Freund auf der Spur waren, haben sie alle Kraft und Konzentration auf die Spur gerichtet. Ich bin nicht auf der Spur von bösen Buben oder fiesen Feiglingen, sondern dem Leben, wie Gott es sich vorstellt und wie es der Auferstehung gemäß ist. Diese Durchgangsstation auf der Erde ist einfach zu wichtig. Fast

das gesamte Neue Testament befasst sich mit der Frage nach einem gottgewollten Leben auf der Erde.
Was macht das jetzt mit mir hier auf dem Planeten Erde, dass ich daran glaube, dass ich einmal bei Gott bin, dass ich einmal im Himmel sein werde? Die immer mehr und immer intensivere Ausrichtung auf Gott nennt man „Heiligung". In 1. Thessalonicher 4 steht, dass Gott will, dass wir ein geheiligtes Leben führen. Gott ist heilig, wir sollen es auch sein. Wichtig ist dabei noch zu wissen, dass Heiligung Hingabe bedeutet, Hingabe an Jesus.

Literatur-Tipp

N. T. Wright: Glaube – und dann? Von der Transformation des Charakters (2011).

Was passiert aber, wenn die Zweifel kommen, ob dies alles wahr und wirklich ist? Ich kenne diese Gedanken nur zu gut! Mal mehr mal weniger stark sind sie in meinem Leben vorhanden. Durch das Schreiben an diesem Buch sind sie etwas in den Hintergrund getreten. Sie können aber jederzeit wieder aufpoppen.

In meinem Leben habe ich drei verschiedene Formen des Zweifels kennen gelernt. Die einen sind eher historisch-wissenschaftlich, die anderen theologisch und zu guter Letzt kommen die persönlichen. Zweifel kommt übrigens von der Zahl zwei, man ist also gespalten, man weiß nicht, was man glauben soll.

Auch bei den ansprechendsten Argumenten zur Glaubwürdigkeit des Neuen Testamentes und vielen apologetischen Hinweisen zu theologischen Fragen können immer wieder wissenschaftliche und theologische Zweifel aufkommen. Wie funktioniert das eigentlich letztendlich mit dem Gericht Gottes am Ende der Zeiten, mit der Einsortierung in Himmel und Hölle? Wie werden Menschen an ihren Taten gemessen, wenn sie keine Chance hatten, jemals Jesus kennen zu lernen?

Nicht anders geht es mir bei eher persönlichen Fragen, beispielsweise mit Gottes Gegenwart in meinem Leben. Selten fühle ich sie und oft frage ich mich, ob er überhaupt eine Relevanz haben will/wird. Und dann frage ich mich auch häufig, ist nicht doch der Wunsch danach, meine verstorbene Frau wiederzusehen, Vater des Gedankens?

Bei all diesen Anfragen an meinen Glauben hat mir bisher immer wieder die Auferstehung geholfen. Das schon (gefühlt) hundert Mal zitierte 1. Korinther 15 ist dann meine Stütze. Ich lese dann einfach dieses Kapitel – und es hilft mir.

Ich kann mich noch gut daran erinnern wie es war, als ich meinen ältesten Sohn im Säuglingsalter gebadet habe. Mein Griff war fest, es bestand keinerlei Gefahr für ihn in der Badewanne. Trotzdem hat er mich mindestens so sehr festgehalten, wie ich ihn. Er konnte die Situation noch nicht einschätze und hatte Zweifel, ob das alles gut geht. Also hielt er sich mit allem was er hatte an seinem Vater fest. Genau so mache ich es auch, wenn die Zweifel kommen und ich nicht genau weiß, in welche Richtung es laufen wird. Ich halte mich am Auferstandenen fest, es ist das einzige, was mir in solchen Situationen hilft.

Nach Alternativen zu schauen, ist mir in den letzten Jahren zur zweiten Natur geworden. TINA war einmal die beste Freundin von Bundeskanzlerin Angela Merkel – so meinten es zumindest die Medien; TINA ist das Akronym für „there is no alternative" (es gibt keine Alternative). Es gibt aber fast immer eine Alternative. Die Frage ist dabei, wie sieht diese aus, ist sie besser oder lohnender oder „wahrer"? Im Falle meines Christseins sehe ich die Alternativen – und lehne sie ab. Gerade wegen der Auferstehung – und den in diesem Buch dargelegten Hinweisen – sehe ich derzeit wenige Chancen, davon loszukommen. An Jesus führt für mich kein Weg vorbei. Ich gebe zu, dass nicht alle Menschen so rational veranlagt sind wie ich. Das muss man auch nicht sein. Jeder ist anders – und deshalb muss sich jeder selbst überlegen, welche Strategien bei Zweifeln helfen. Mir hilft die Auferstehung dabei.

Literatur-Tipp

Wer sich für Zweifel interessiert, dem empfehle ich von John Ortberg „Glaube & Zweifel" (2009) und Lee Strobel „Glaube im Kreuzverhör" (2001).

Ich habe einmal einen Cartoon gesehen, darauf hängt zwischen Turm und Dachreiter einer Kirche ein Plakat „Trotz allem... Der Herr ist auferstanden". Soll heißen: Klar, vieles läuft schief, in der Welt, in der Kirche, im Leben von Einzelnen – dies alles ist aber unabhängig von der Tatsache, dass Jesus auferstanden ist und dies gilt. So wünsche ich es mir auch für mein Leben – und dass im passenden Moment dieses Bild mit dem „Trotz allem..." vor mir auftaucht.

In der Bibel gibt es – das ist mir noch wichtig mitzuteilen – viele Stellen zum Zweifel. Der zweifelnde Christ kommt dabei nicht immer gut weg. Beruhigend finde ich aber eine Stelle, die meiner Meinung nach viel zu wenig in den Blick genommen wird. In Matthäi am letzten (Matthäus 28) trifft Jesus die elf Jünger auf einem Berg in Galiläa. Dann steht dort „Bei seinem Anblick warfen sie sich vor ihm nieder; allerdings hatten einige noch Zweifel." Wie bitte? Sie haben den Auferstanden gesehen, die gigantischsten Wunder schlechthin – und einige (einige aus elf sind mindestens ein Viertel) hatten noch Zweifel. Mit diesen Zweiflern wollte und hat Jesus dann die Welt verändert. Es gibt also noch Hoffnung für mich...

Festhalten am Auferstehungs-Glauben heißt auch, dass wir mitten in schweren Situationen nicht vergessen, dass der Tag kommt, an dem Jesus alle Tränen abwischen wird – an dem kein Leid, kein Schmerz, kein Tod mehr sein wird (Offenbarung 21). Dies fällt einem nicht immer leicht anzunehmen.

Am Tag, bevor Christine ihre Krebsdiagnose erhielt, war ich noch in einer christlichen Gruppe und sprach über den Sinn des Lebens. Jürgen Spieß hat dies unter Rückgriff auf Jürgen Habermas einmal so erklärt: Sinn kann es nur angesichts der vier großen Grenzerfahrungen des Lebens geben – Schuld, Leid, Tod, Einsamkeit. Während ich noch recht locker über das Thema sprach, hatte ich schon im Hinterkopf, wie denn wohl morgen die ärztliche Diagnose ausfallen und ob ich dann immer noch so reden würde. Mit allen vier Bereichen war ich dann anderthalb Jahre besonders konfrontiert; im Grunde bin ich es immer noch. Schuldig wurde ich ständig an meiner kranken Christine, Leid sah ich bei ihr tagtäglich, einsam war ich in meinem Schmerz ebenfalls und der Tod des Menschen, der mir emotional am nächsten stand, kam nach 18 Monaten.

Beim Lesen von Friedrich Nietzsche ist mir noch eines aufgefallen: Das Christentum ist keine Religion der Schwäche, wie Nietzsche immer behauptet. Christsein bedeutet, sich seiner eigenen Schwäche(n) bewusst sein und deshalb auf die Stärke Gottes zu vertrauen. Angesichts der vier Grenzerfahrungen des Lebens: Schuld, Leid, Tod und Einsamkeit bleibt einem Menschen nichts anderes übrig. Ich kann nicht allein in diesen vier Grenzsituationen bestehen. Der Lebenswille als Christ wird dadurch nicht geschwächt, sondern gestärkt. Nur so – jedenfalls erlebe ich dies – kann überhaupt gelebt werden.

Das merkwürdige Wort „Erinnerungsort" habe ich bis hierher schon gelegentlich genutzt. Diese Idee habe ich von meinem

Berliner Professor Hagen Schulze, der sie wiederum von einem französischen Historiker hat. Hagen Schulze hat mit Etienne Francois drei Bände „Deutsche Erinnerungsorte" (2001) herausgegeben. „Ort" ist dabei nicht wörtlich als geografische Angabe gemeint, es ist vielmehr etwas, was für das kollektive Gedächtnis einer Gruppe eine identitätsstiftende Funktion erfüllt. Für uns Deutsche ist das beispielsweise neben Arminius und der Schlacht im Teutoburger Wald gegen die Römer (9 nach Christus) auch die Figur Faust. Für Christen sind es im Bezug auf die Auferstehung Taufe, Abendmahl und die Begehung des Sonntags als Feiertag.

Die Taufe ist das christliche Symbol für die jüdische Beschneidung. Und die Beschneidung ist das Zeichen für den Eintritt in das Gottesvolk. Taufe geschieht durch Untertauchen des Täuflings, damit wird das Sterben von Jesus symbolisiert. Mit dem Auftauchen wird der Auferstehung gedacht. Taufe ist damit Teilhabe an Tod und Auferstehung von Jesus Christus, so beschreiben es Römer 6 und Kolosser 2. Christen dürfen sich immer wieder daran erinnern, dass sie auf die Auferstehung getauft wurden.

Es gibt diese wunderbare Szene in dem Film „Das Dschungelbuch" (1967). Da schwärmt der Elefant Colonel Hathi davon, wie er im Krieg das Viktoriakreuz – der höchste englische Orden – für seine tapferen Taten erhalten habe. Und seine Frau flüstert nur: „Schon wieder die olle Kamelle vom Viktoriakreuz." Was für vielbelastete Zuhörer sicherlich nervig ist – so kann Wiederholung auch etwas Gutes sein. Während man die Taufe für gewöhnlich nur einmal erlebt – und sich im Falle der Säuglingstaufe noch nicht einmal daran erinnern kann – so gibt es eben noch das Abendmahl und den Auferstehungs-Gedenk-Tag, den Sonntag.

Wie auch bei der Taufe denken wir bei jedem Abendmahl (oder Brotbrechen, Eucharistie, Herrenmahl, heilige

Kommunion) an das Sterben und die Auferstehung Christi und nehmen gewissermaßen daran teil. Jesus selbst sagt in Johannes 6: „Wer mein Fleisch isst und mein Blut trinkt, hat ewiges Leben, und ich werde ihn auferwecken am Jüngsten Tag."

Wie bereits zu Taufe und Abendmahl habe ich im ersten Abschnitt schon einiges zum Sonntag gesagt. Der Sonntag ist der neue heilige Tag, weil er derjenige der Auferstehung ist. Deshalb feiern wir jeden Sonntag Gottesdienst – und mit jedem Gottesdienst begehen wir die Auferstehung von Jesus von Nazareth.

Menschen sind vergesslich, deshalb brauchen sie solche Erinnerungsorte, durch die sie immer wieder auf die Auferstehung verwiesen werden. Wenn es Taufe, Abendmahl und Sonntag nicht geben würde, man müsste sie erfinden. Zugegeben, ich bin kein liturgischer Mensch. Meistens schaffe ich es gerade so, das Vaterunser im Gottesdienst nicht herunterzuleiern. Rituale stehen eben in der Gefahr nur noch leblos abgespult zu werden. Aber wenn ich wirklich schmecke und sehe, wie freundlich der Herr ist, sobald Wein/Saft und Brot in meinem Mund landen, dann denke ich daran, was dies bedeutet.

Wir sollen also als Auferstehungs-Menschen zwischen Ostern und dem letzten Tag leben. Kraft, Liebe und die Freude dazu bekommen wir durch die Auferstehung, um so zu leben, wie der Auferstandene es sich vorgestellt hat. Die Konfrontation mit den vier Grenzsituationen des Lebens (Schuld, Leid, Tod, Einsamkeit) brauchen wir dabei nicht zu scheuen, sie sind durch die Auferstehung besiegt. Die Erinnerungsorte Taufe, Abendmahl und Sonntag helfen mir, das alles nicht zu vergessen – und eben als Auferstehungs-Christ zu leben.

> *Zusammen und Fassung*

„Was entstanden ist, das muss vergehen!/Was vergangen, auferstehen!/Hör auf zu beben!/Bereite dich zu leben!" So hat Gustav Mahler einen Text von Friedrich Gottlieb Klopstock für seine Auferstehungs-Sinfonie (1895) ergänzt. Eigentlich ist damit schon alles gesagt. Aber Autoren können bekanntlich allem widerstehen, nur nicht der Versuchung (zu schreiben). Also, noch einmal: Der Witz, nichts sei umsonst, außer dem Tod – und der koste das Leben, ist tatsächlich ein alter Hut. Jesus hat ihn durch Kreuzigung und Auferstehung an den Nagel gehängt. Dadurch können wir leben. Die größte Bedeutung hat die Auferstehung eben nicht in der Vergangenheit – sondern in Gegenwart und Zukunft!

Dazu hat dieser zweite Abschnitt gezeigt, warum das Christentum erfolgreich war, wieso die ersten Christen wegen der Auferstehung alles daransetzten das Evangelium zu verbreiten: Sie empfanden die Auferstehung als Bestätigung von Jesus durch Gott, sie begriffen, was das für sie in Form der Erlösung und der Aussicht auf den Himmel bedeutet, gingen daraufhin los, missionierten die Welt, veränderten ihr Leben und das der neuen Christen – dabei taten sie dies durch die Kraft der Auferstehung. Das alles funktioniert mit einer nur halluzinierten, erdachten oder verkündeten Auferstehung nicht wirklich. Dieser Abschnitt bestätigt deshalb meiner Meinung nach den ersten: Was sonst, außer einer realen Auferstehung, hätte solche Missions-Kräfte freigesetzt?

Schluss, aus – vorbei?

„Nicht die Versuchung ist das Problem – sondern die Folgen, wenn man ihr erliegt!" – So sagt man flott daher. Ich habe versucht genau eine solche Versuchung vorzustellen – allerdings (aus meiner Perspektive) im positiven Sinne: Gibt es die Auferstehung von Jesus von Nazareth in echt? Wenn das wirklich wahr ist, wie können/sollten/werden die Konsequenzen für mich und mein Leben jetzt und für das Leben nach dem Leben aussehen?

Meine „Versuchung" als Folge der beiden Abschnitte dieses Buches sieht als Angebot so aus: Die Auferstehung von Jesus Christus theoretisch und praktisch annehmen, historisch und persönlich – und dann danach leben, jetzt und immerdar!

Der dänische Denker Sören Kierkegaard hat es Mitte des 19. Jahrhunderts so ausgedrückt: „An Auferstehung zu glauben, ergibt sich nicht aus dem historischen Befund, denn es hätte ja so sein können, aber es hätte auch ganz anders sein können. Das heißt, die Wahrheit eines historischen Ereignisses ergibt sich nicht unmittelbar aus den Fakten. Wie man dann aber wie in der Theologie mit Behauptungen wie Auferstehung oder Wunder umgeht, findet dann seine Lösung, wenn man auf einer anderen Ebene operiert, nämlich der der Existenz. Das heißt, dass man einer Wahrheit begegnet." Auch wenn ich deutlich mehr Wert auf den historischen Befund lege – der Kernaussage Kierkegaards ist zuzustimmen: Wer die Auferstehung nur historisch begreift, hat wenig begriffen.

Und entweder hat Jesus tatsächlich gelebt und ist auferstanden – oder der christliche Glaube ist vollkommen sinnlos – weil der christliche Glaube eben so eng mit der Auferstehung verbunden ist.

Und noch einmal ein flotter Spruch: Der Humorist Loriot prägt den Satz „Ein Leben ohne Mops ist möglich, aber sinnlos." Was Loriot als großer Fan dieser Hunderasse lustig daher sagt, ist mir mit der Auferstehung im wahrsten Sinne des Wortes todernst: Eine Leben ohne Auferstehungsglaube ist möglich – aber sinnlos. Wenn aber Jesus tatsächlich auferstanden ist, dann steckt tatsächlich etwas hinter dem Christentum. Dann ist es nicht Sinn-los – sondern Sinn-stiftend!

Die Auferstehung hat Menschen seit jeher zu kreativen Höchstleistungen motiviert. Leo Tolstoi hat einen Roman danach benannt und Gustav Mahlers 2. Sinfonie klingt gerade bei mir im Hintergrund. Um ein bekanntes Zitat von Karl Marx abzuwandeln: Es kommt aber nicht darauf an, die Auferstehung kulturell zu verarbeiten, sondern sie für sich anzuerkennen, daran zu glauben. Glauben und glauben sind dabei zwei unterschiedliche Dinge. Glauben im Sinne von „für wahr halten" und glauben als „für wahr halten und darauf vertrauen". Die Auferstehung nur als ersteres anzunehmen, wäre eben sinnlos. Der zweite Glaube muss dazu kommen – ersteres verlangt auch nach letzterem! Im bereits erwähnten Film Matrix erklärt Morpheus dem Neuankömmling Neo/Mr. Andersen: „Es gibt einen Unterschied zwischen: den Weg zu kennen und ihn zu beschreiten!" Dafür muss die Auferstehung vom Kopf ins Herz gehen – bekanntlich die weltweit größte Entfernung. Wie geht das? Thomas (genannt „der Zweifler") steht nach der Auferstehung Jesus gegenüber und sagt nur „Mein Herr und mein Gott." Das ist die angemessene Reaktion auf die Auferstehung von Jesus für unser Leben.

Welche Konsequenzen hat das aber? C. S. Lewis hat einmal geschrieben: „An Gottes Dasein glauben heißt: Ich stehe nicht mehr vor einem Argument, das meine Zustimmung verlangt, sondern vor einer Person, die mein Vertrauen fordert." Apropos „vor Gott stehen": In „Über den Schmerz" schreibt C.

S. Lewis: „Die Forderung, Gott solle einem Menschen vergeben, obwohl er bleibt, was er ist – diese Forderung beruht auf einer Verwechslung von Entschuldigen und Vergeben. Etwas Böses entschuldigen heißt einfach es zu ignorieren; so tun, als wäre es gut. Vergebung aber muss, wenn sie vollständig sein soll, nicht allein gewährt, sondern auch empfangen werden – und ein Mensch, der nicht zugibt, schuldig zu sein, kann keine Vergebung empfangen." Es wäre mir ein echtes Anliegen, wenn Menschen – die dies bisher noch nicht getan haben – nun ernsthaft darüber nachdenken würden.

Eine Beschäftigung lohnt sich, aus den vielen hier dargelegten Gründen, auch aus diesem hier: In der Marvel Comic-Verfilmung „The Avengers" [Die Rächer] wird der Superheld Captain America darauf aufmerksam gemacht, dass seine Gegner Halbgötter seien. Seine Antwort: „Es gibt nur einen Gott – und der ist anders!" Ein Spruch, wie man ihn von Captain America erwartet. Der Gott, der Jesus vom Tod auferweckte, sieht in der Tat anders aus als die mordenden Halbgötter vom fernen Stern. Es lohnt sich, diesen Gott kennen zu lernen.

„Das ist das Ende. Für mich aber der Beginn des Lebens." Diesen bekannten Satz von Dietrich Bonhoeffer habe ich in der E-Mail, in der ich meine Freunde und Verwandte über den Tod von Christine informiert habe, zitiert. Für meine eben verstorbene Frau stimmte er im wortwörtlichen Sinne – wie er eben auch für Bonhoeffer zutraf, der gleich seinem Henker gegenüber treten würde und danach seinem Schöpfer. Aber dieser Satz kann und sollte auch für mich im Hier und Heute Bedeutung haben. Was macht das nun alles mit mir? Wie geht es mir damit? Diese selbstbezogenen Fragen sind nicht immer angebracht, hier aber schon. Mir geht es um zweierlei: Der Werbespruch von Versicherungen lautet gelegentlich „früher an später denken". Jetzt daran denken, dass unser Leben vergänglich ist – und vorsorgen, für die Zeit danach. Außerdem: So leben, dass andere es merken, die Auferstehung hat Bedeutung für mich und mein Leben. Jesus hat einmal gesagt, Christen seien Salz und Licht. Das ist indikativ und imperativ gemeint, also beschreibend und auffordernd: Du bist Salz und Licht – und nun verhalte Dich auch so! Das Buch ist hier (fast) am Ende – es könnte der Beginn eines von der Auferstehung (immer mehr) erfüllten Lebens werden.

Eines er derzeit wertvollsten High-Tech-Unternehmen der Welt verdankt einen Teil seines Erfolgs auch seiner Werbelinie. Apple hat in seiner „Think Different"-Werbekampagne 1996 bis 2002 hiermit geworben: „An alle, die anders denken: Die Rebellen, die Idealisten, die Visionäre, die Querdenker, die sich in kein Schema pressen lassen, die, die Dinge anders sehen. Sie beugen sich keinen Regeln und sie haben keinen Respekt vor dem Status quo. Wir können sie zitieren, ihnen widersprechen, sie bewundern oder ablehnen. Das Einzige, was wir nicht können, ist, sie zu ignorieren, weil sie Dinge verändern, weil sie die Menschheit weiterbringen. Und während einige sie für verrückt halten, sehen wir in ihnen Genies. Denn die, die verrückt genug sind zu denken, sie könnten die Welt verändern, sind die, die es tun." Wieso kommt nur Apple auf so etwas? Das ist unser Spruch! Jesus hat die Welt verändert – und hatte dabei sogar noch nicht einmal ein i-Produkt! (Steve Jobs als Kopf hinter und vor Apple wurde bereits iGod genannt…)

Die ersten Christen haben die Welt tatsächlich verändert. Durch das Christentum sind weite Teile des Planeten lebenswerter geworden – für Gläubige und Nicht-/Anders-Gläubige, bei allen weiteren Problemen und Ausreißern. Ostern war der Moment, als die personifizierte Hoffnung die

Welt dadurch überraschte, dass sie aus der Zukunft in die Gegenwart kam. Und das haben die Menschen an vielen Stellen bereits gemerkt. Auch ich. Deshalb ist mir die Auferstehung alles: autobiografisch, historisch, theologisch, seelsorgerlich, grundsätzlich.
Vielleicht ergeht es Ihnen aber ganz anders und Sie können dem österreichischen Schriftsteller Arthur Schnitzler zustimmen, der einmal über eine seine Liebschaften sagte, er habe nichts erwartet und sei trotzdem enttäuscht worden. Vielleicht schätzen Sie sich mit Jürgen Habermas als religiös unmusikalisch ein und fragen sich, was das nun mit Ihnen macht.
Ich gebe zu, ich habe viel verlangt. Die Auferstehung ist kein Fakt wie „wir sind Fußballweltmeister 1954, 1974, 1990 und 2014" – sie hat den Anspruch lebensverändernd sein zu wollen. Dazu kommt, dass dieses Buch voraussetzt, dass Gott existiert, Gott eingreifen will, Gott eingreifen kann und er es auch (gelegentlich) tut. Wer außerdem schlicht keine Lust auf ein Leben mit dem auferstanden Jesus hat, wird die Schlussfolgerungen hieraus ebenfalls ablehnen. Ich möchte aber noch einmal Woody Allen zitieren, der uns mit seinen Ratschlägen oftmals weiterhilft: „Ich glaube nicht an ein Leben nach dem Tod, aber für alle Fälle nehme ich immer Unterwäsche zum Wechseln mit." Behalten Sie die Möglichkeit der Auferstehung immer im Blick, nehmen Sie Unterwäsche zum Wechseln mit...
Enden möchte ich mit dem großartigen Gedicht von Friedrich Rückert (1788-1866):

> **„Am Ostermorgen** schwang die Lerche
> sich auf aus irdischem Gebiet
> und, schwebend überm stillen Pferche
> der Hirten, sang sie dieses Lied:

Erwacht! Die Nacht entflieht.
Das Licht zerbricht
die Macht der Nacht;
erwacht ihr Lämmer all, erwacht,
auf feuchtem Rasen kniet!
Es ward von einem Osterlamme
getan für alle Welt genug,
das blutend an dem Kreuzesstamme
die Schuld der ganzen Herde trug.
Des Sieges Stunde schlug!
Das Grab, es gab
den Raub vom Staub
zurück; nun weidet grünes Laub,
ihr Lämmer fromm und klug!
Der Baum des Lebens, fluchbeladen,
stand abgestorben, dürr und tot.
Des Lammes Blut ihn musste baden;
nun wird es blühend rosenrot.
Gewendet ist die Not!
O seht, her geht
der Hirt, der wird
die Herde weiden unverirrt
im neuen Morgenrot."

Dank

Diese Binsenweisheit muss auch an dieser Stelle wiederholt werden: Kein Buch hat nur einen Autor. Ausnahmen bestätigen die Regel. Dieses ist keine. Deshalb gebührt ganz vielen Menschen Dank!
An erste Stelle natürlich Jesus – kein Mensch, aber er war immerhin mal einer!
Meine beiden Buben haben mich sicherlich gelegentlich entbehren müssen – sie sind super, ihnen ist dieses Buch gewidmet. Es steht auch vieles von ihnen und ihrer Mutter darin. Wer schreibt, bleibt. So geht es nicht vergessen, was mir und uns wichtig ist.
Meine Eltern wurden wieder wichtiger, als ich auf einmal Alleinerziehender war. Sie haben mir oft den Rücken freigehalten und mich bei diesem Projekt unterstützt. Wahnsinn!
Meine Oma führte mich an die Geschichte heran – und zu vielem anderen.
Durch S fand ich wieder zur Liebe zu einem weiblichen Wesen. Ich bin glücklich.
In alphabetischer Reihenfolge (der Nachnamen) danke ich diesen Freunden – für Anregungen, Nachfragen, Manuskriptlesen, Kritik und Freundsein:
Prof. Dr. Matthias Clausen, Dr. Burkhard Conrad, Christian Cordes, Dr. Alexander Fink, Dr. Andreas Gerstacker, Pfarrer Dirk Hasselbeck, Dr. Hans Maria Heyn, Markus und Ute Hofmann, Karsten Huhn, Julia Kahrl, Christian Motzer, Pastor Ekkehard Pithan, Dr. Markus Spieker, Dr. Jürgen Spieß, Michael Tewes (Titelfoto!)...

Außerdem hatte ich das Privileg, diese Arbeit auf dem SMD-Apologetentreffen 2014 in Marburg vorstellen zu dürfen. Auch dort allen Beteiligten vielen Dank.

Literatur

Dieses Literaturverzeichnis enthält nicht alle benutzten Büchern. Aber alle hier gelisteten Bücher sind lohnenswerte Lektüre.

Berger, Klaus: Jesus, 2007.
Blomberg, Craig: Die historische Zuverlässigkeit der Evangelien, 1998.
Bösen, Willibald: Auferweckt gemäß der Schrift: Das biblische Fundament des Osterglaubens, 2006.
Bonhoeffer, Dietrich: Das Außerordentliche wird Ereignis. Kreuz und Auferstehung, 1996.
Bruce, Frederick F. (Hrsg.): Außerbiblische Zeugnisse über Jesus und das frühe Christentum, 1992.
Dummett, Michael: Biblische Exegese und Auferstehung, in: Communio 1984.
Foster, Charles: Die Akte Jesus. Ein Jurist ermittelt in Sachen Auferstehung, 2008.
Gibson, Shimon: Die sieben letzten Tage Jesu. Die archäologischen Tatsachen, 2010.
Habermas, Gary/Licona R. Michael: The Case of the Resurrection of Jesus, 2004.
Hempelmann, Heinzepter: Wirklich auferstanden! Historische und philosophische Argumente für den Osterglauben, 2011.
Hirschberg, Peter: Jesus von Nazareth. Eine historische Spurensuche, 2004.
Klappert, Bertold (Hrsg.): Diskussion um Kreuz und Auferstehung. Auseinandersetzung in Theologie und Gemeinde, 1967.

Kreeft, Peter/Tacelli, Ronald K.: Handbook of Christian Apologetics. Hundreds of Answers to crucial Questions, 1994.
Künneth, Walter: Theologie der Auferstehung, 1951
Lapide, Pinchas: Auferstehung. Ein jüdisches Glaubenserlebnis, 1977.
Lennox, John: Gott im Fadenkreuz. Warum der Neue Atheismus nicht trifft, 2013.
Mittelstaedt, Alexander: Lukas als Historiker: Zur Datierung des lukanischen Doppelwerks, 2005.
Müller, Ulrich B.: Die Entstehung des Glaubens an die Auferstehung Jesu: historische Aspekte und Bedingungen, 1998.
Pfohl, Gerhard: Geschichtlichkeit der Auferstehung Christi. Eine historisch-juristische Tatsachenprüfung, 2004.
Ratzinger, Joseph/Benedikt XVI.: Jesus von Nazareth: Band II: Vom Einzug in Jerusalem bis zur Auferstehung, 2011.
Ringleben, Joachim: Wahrhaft auferstanden. Zur Begründung der Theologie des lebendigen Gottes, 1998.
Spaemann, Robert: Das unsterbliche Gerücht: Die Frage nach Gott und der Aberglaube der Moderne, 2007.
Jürgen Spieß: Ist Jesus auferstanden? Ein Historiker zur Auferstehung von Jesus Christus, 2011.
  Jesus für Skeptiker, 2013.
Metaxas, Eric: Wunder – Entdeckungen eines Skeptikers, 2015.
Staudinger, Hugo: Die historische Glaubwürdigkeit der Evangelien, 1995.
Strobel, Lee: Der Fall Jesus. Ein Journalist auf der Suche nach der Wahrheit, 1999.
Swinburne, Richard: The Resurrection of God Incarnate, 2003.

Theißen, Gerd/Merz, Annette: Der historische Jesus. Ein Lehrbuch, 1996.

Wenham, John: Das Rätsel Ostern. Was zwischen Karfreitag und Ostersonntag wirklich geschah, 1985.

Wright, Nicholas Thomas: Die Auferstehung des Sohnes Gottes, 2014.

Von Hoffnung überrascht: Was die Bibel wirklich zu Auferstehung und ewigem Leben sagt, 2011.

Jesus. Wer er war, was er wollte und warum er für uns wichtig ist, 2013.

Der 3. Tag. Ein Dokumentarfilm für Denker, Zweifler und Skeptiker. DVD 2011.